Beiträge zur Friedensethik   **15**

Klaus Ebeling

Der Handel mit Rüstungsgütern als Anfrage an eine Ethik der Politik

Eine Problemskizze

D1664667

Institut für Theologie und Frieden   **Barsbüttel**

1. Auflage 1992

© 1992 Institut für Theologie und Frieden

INHALTSÜBERSICHT

1

I. PROBLEMSKIZZE

1.1 Das internationale System: nach dem Ende des Ost-West-Konflikts - nach dem zweiten Golfkrieg

Der Ost-West-Gegensatz hat vierzig Jahre lang vor allem in Europa Angst und Ordnung erzeugt. Mit seiner Überwindung schwindet nun die Gefahr eines großen Nuklearkrieges. Zugleich jedoch brechen im Zuge der revolutionären Veränderungen in den vormalig "realsozialistischen" Ländern viele der in den vergangenen Jahrzehnten lediglich unterdrückten Konflikte wieder auf. Sie und der gleichfalls konfliktträchtige ökonomische Systemwechsel, der bislang fast überall vielen Not und eben nicht Wohlstand statt Mangel gebracht hat, belehren darüber, daß die gerade erst erschlossene Chance, eine stabile Friedensordnung für ganz Europa zu schaffen, auch wieder verspielt werden kann; das gesamteuropäische Haus, in dem Frieden herrscht (und von dem Frieden ausgeht!) bleibt eine gefährdete Perspektive[1].

Noch schwerer zu überschauen sind die globalen Auswirkungen der Beendigung des Kalten Krieges. Der zweite Golfkrieg hat auf erschreckende Weise und für alle erkennbar die wichtigsten Problemstränge, an denen bei der nun möglich und nötig gewordenen Restrukturierung des internationalen Systems gearbeitet werden muß, wie ein Brennspiegel zusammengeführt.

So wurde einerseits deutlich, daß die veränderte weltpolitische Konstellation die Handlungsfähigkeit des UNO-Sicherheitsrates erheblich verbessert hat. Gegen den eklatanten Völkerrechtsbruch des Irak konnte eine "gemeinsame, in den Grenzen der von der UNO begründeten Verbind-

---

[1] Vgl. hierzu *Thomas Hoppe*. Perspektiven und Probleme einer Friedensordnung für Europa nach dem Ende des Kalten Krieges. Arbeitspapier 59 der Schriftenreihe "Gerechtigkeit und Frieden" der Deutschen Kommission Justitia et Pax. Bonn, April 1991.

lichkeitsstrukturen auch 'legitime' Sanktion zustande gebracht"[2] werden. Bedenkt man jedoch, von wem vor allem während des Feldzugs gegen den irakischen Aggressor die Gesetze des Handelns weitgehend bestimmt wurden oder: welche Hindernisse nach der Befreiung Kuwaits Hilfeleistungen für die verfolgten Kurden im Norden und die Schiiten im Süden des Irak be- oder gar verhindert haben, so wird man andererseits allerdings auch schwerlich bestreiten können, daß die UNO in ihrer heutigen Verfassung noch nicht das Instrument einer effektiven weltbürgerlichen Ordnung darstellt, das die Interessen der Völker (!) auch unabhängig von Großmachtinteressen durchzusetzen vermag[3].

---

[2] *Bernd Guggenberger*. Der erste der letzten Kriege? Am Ende des Kalten Krieges: Nachgedanken zum Krieg am Golf. Eggingen: Edition Isele, 1991, 12. Die Rede von der "legitimen Sanktion" darf freilich nicht mit einer ethischen Rechtfertigung des Golfkriegs gleichgesetzt werden. Abgesehen von den Fragen, die mit Bezug auf das "ultima ratio"- und das "Proportionalitätskriterium" zu erörtern wären (vgl. dazu *Dieter S. Lutz*. "Ist der 'klinisch saubere' Krieg verhältnismäßig? Zur Umdeutung des Übermaßes im Golf-Krieg". S + F [Vierteljahresschrift für Sicherheit und Frieden] 9.3 (1991): 134 - 138), läßt sich auch nicht allein mit Hinweis auf die völkerrechtswidrige Annexion Kuwaits von einer "causa iusta" sprechen. Denn: Muß nicht derjenige Grund als der entscheidende gewertet werden, ohne den der Krieg nicht stattgefunden hätte? War das Völkerrechtsargument ausschlaggebend?

Einen wichtigen Beitrag zur Klärung auch der hier angesprochenen Kriterien der traditionellen Lehre vom "gerechten Krieg" hat kürzlich die *Arbeitsgruppe Sicherheitspolitik der Deutschen Kommission Justitia et Pax* vorgelegt: Vom "gerechten Krieg" zum "gerechten Frieden". Überlegungen zur Weiterentwicklung christlicher Friedensethik in einer Phase weltpolitischer Neuorientierungen. Arbeitspapier 63 der Schriftenreihe "Gerechtigkeit und Frieden" der Deutschen Kommission Justitia et Pax. Bonn, Juni 1992.

[3] Wohl nicht überflüssig ist es, hier an die Reformvorschläge des 1991 unter dem Titel "Gemeinsame Verantwortung in den 90er Jahren" veröffentlichten und bislang leider zu wenig diskutierten Memorandums der *Stockholmer Initiative zu globaler Sicherheit und Weltordnung* zu erinnern (Abdruck der deutschen Fassung in Blätter für deutsche und internationale Politik 36.6/7 [1991]: 743-756 bzw. 883-893).

Nicht nur in den Augen großer Teile der Bevölkerung des Nahen Ostens war dieser Krieg jedoch primär ein "Macht-" und "Ressourcenkonflikt" zwischen einer Regionalmacht der wirtschaftlich und kulturell diskriminierten Dritten Welt und Industriestaaten des Nordens: ein dramatischer Beleg für die Entschlossenheit des Nordens also, im Konfliktfeld Nord-Süd auftretende Probleme (Energieversorgung, Umwelt, Migration, Terrorismus, Drogen etc.) im Sinne eines erweiterten Sicherheitsbegriffs und einer selektiv-problembezogenen globalen Machtprojektion als Bedrohung der nationalen Sicherheit aufzufassen, die auch militärische Interventionen rechtfertigt[5].

Immerhin eine "gewisse" Bereitschaft, sich der Aufgabe einer UNO-Reform zu stellen, signalisiert jene Erklärung, die am 1.2.1992 von den Mitgliedern des Sicherheitsrates zum Abschluß ihres ersten Gipfeltreffens verabschiedet wurde. In ihr wird der Generalsekretär gebeten, "bis zum 1. Juli 1992 eine Analyse und Empfehlungen über die Möglichkeiten vorzubereiten, wie die Kapazitäten der Vereinten Nationen zur vorbeugenden Diplomatie, für Friedensstiftung und Friedensbewahrung gestärkt und innerhalb des Rahmens und der Bestimmungen der Charta wirksamer werden können" (zit. nach FAZ 28 [3.2.1992]: 3).

[4]   Vgl. *Volker Matthies*. "Neues Feindbild Dritte Welt: Verschärft sich der Nord-Süd-Konflikt?" Aus Politik und Zeitgeschichte B 25-26/91 (14.6.1991): 6.

[5]   Vor einer Erweiterung des Sicherheitsbegriffs, die nicht zu einer "Erweiterung des Horizonts" führt, "sondern eher zur Applikation alter Programme auf neue Probleme", warnt mit plausiblen Argumenten *Christopher Daase*. In seinem Beitrag "Der erweiterte Sicherheitsbegriff und die Diversifizierung amerikanischer Sicherheitsinteressen. Anmerkungen zu aktuellen Tendenzen in der sicherheitspolitischen Forschung" (Politische Vierteljahresschrift 32.3 [1991]: 425-451. Zitate: 442) versucht er "die grundsätzliche Inkongruenz globaler Sicherheitsperzeptionen und nationaler Sicherheitspolitik" nachzuweisen und zu zeigen, wie "eine Hierarchie der Optionen zugunsten militärischer Macht und Intervention ... dann zum Tragen kommt, wenn Probleme [mittels der Kategorie der "Verwundbarkeit"; Eb] als Bedrohung der Sicherheit definiert werden."

Und er ließ - der militärischen Überlegenheit der amerikanischen High-Tech-Armee und mancher Leute Rede von der "unipolaren Welt"[6] zum Trotz - doch auch die "imperiale Überlastung"[7] der westlichen Führungsmacht offenbar werden. Angesichts der ausländischen Überweisungen an das Washingtoner Schatzamt und der großen ungelösten Hausaufgaben kann es kaum verwundern, wenn aus Präsident Bushs Äußerungen zur "Neuen Weltordnung" auch die Forderung nach Lastenteilung herauszuhören ist.

Als das in friedens- und sicherheitspolitischer Hinsicht auffälligste Merkmal dieser weltpolitischen Umbruchssituation überhaupt läßt sich die Konkurrenz folgender Entwicklungstendenzen auffassen:

- Entmilitarisierung der Sicherheitspolitik (vor allem im Verhältnis Ost-West) vs. Militarisierung neuer Politikbereiche (besonders im Verhältnis Nord-Süd);

- Diffusion der Macht (Emanzipation vom Duopol der militärischen Supermächte; ethno-nationalistische Souveränitätsbestrebungen etc., "Prozeß relativer Autonomisierung der Dritten Welt"[8]) vs. globaler Interdependenzzuwachs (und damit auch zunehmende Verwundbarkeit: ökonomisch, ökologisch).

Das durch diese Konkurrenz definierte Spannungsverhältnis prägt seit einiger Zeit, in verstärktem Maße seit dem Golfkrieg, sowohl die politi-

---

[6]   Vgl. (z.B.) *Charles Krauthammer.* "The Unipolar Moment". Foreign Affairs 70.1 (1991): 23-33; oder den Entwurf des Pentagons zur "Defense Planning Guidance 1992", der unlängst für einige Aufregung sorgte (Die Zeit 12 [13.3.1992]: 8; Der Spiegel 12 [16.3.1992]: 18ff.; SZ 79 [3.4.1992]: 8).

[7]   Vgl. *Michael Stürmer.* "Wendung nach innen. Die Vereinigten Staaten nach dem Ende des Kalten Krieges". FAZ 245 (22.10. 1991): 14.

[8]   Vgl. *Dieter Senghaas.* "Einleitung: Regionalkonflikte in der internationalen Politik". Regionalkonflikte in der Dritten Welt. Aktuelle Materialien zur Internationalen Politik 21. Hg. *Ders.* Baden-Baden: Nomos, 1989, 11-28. Zitat: 20.

sche (und politikwissenschaftliche) Diskussion über Abrüstung und Rüstungskontrollpolitik wie auch das politische Handeln und Unterlassen auf diesem Felde.

Dazu seien im folgenden einige konkretisierende Hinweise gegeben, die sich auf eines der wichtigsten und verwickeltsten Probleme der Rüstungskontrollpolitik konzentrieren werden: auf das Problem des Rüstungstransfers.

Mit Blick auf die gegebene Situation erscheint es zweckmäßig, drei Problemkreise, obwohl sie sich überschneiden, dennoch zu unterscheiden:

(1) die Weiterverbreitung von ABC-Waffen (Proliferation),

(2) den Transfer rüstungsrelevanter Technologie (dual-use-Güter, Dienstleistungen, Know-how),

(3) den Handel mit konventionellen Kriegswaffen.

1.2 Rüstungstransferpolitik (I)

1.2.1 Weiterverbreitung von ABC-Waffen

Die begründete Angst vor einem irakischen C-Waffeneinsatz während des Golfkrieges und die erschreckenden Enthüllungen über die B-Waffenforschung, insbesondere aber das A-Waffenprogramm des Irak haben zur Intensivierung der Bemühungen um eine weltweite Ächtung und Beseitigung oder zumindest Verringerung dieser Kriegsmittel beigetragen.

Besondere Beachtung verdienen

- die von Präsident Bush am 29.5.1991 verkündeten Vorschläge zur Rüstungskontrolle im Nahen Osten, "mit denen der Verbreitung nuklearer, chemischer und biologischer Waffen sowie der dazugehörigen Trägersysteme Einhalt geboten werden soll" und die darüber hinaus auf die "Eindämmung des destabilisierenden konventionellen Rüstungswettlaufs in der Region" abzielen[9],

- die in diesem Zusammenhang von ihm initiierte Arbeit der fünf ständigen Mitglieder des UN-Sicherheitsrates an gemeinsamen Beschränkungen des Rüstungstransfers[10],

---

[9] Amerika Dienst 22 (5.6.1991): "Die Rüstungskontrollinitiative für den Nahen Osten. Eine Übersicht des Weißen Hauses". Vgl. dazu die auf einer Pressekonferenz der Arms Control Association am 28.5.1992 (> Anm. 10) vorgetragenen Statements von *Lee Feinstein*, *Natalie Goldring*, *Richard Grimmett* und *Andrew Pierre* ("President Bush's Middle East Arms Control Initiative: One Year Later". Arms Control Today 22.5 [June 1992]: 11-16).

[10] Bereits auf der ersten Konferenz, die am 8. und 9.7.1991 in Paris stattfand, sprachen sich die "großen Fünf", die zusammen etwa 85% des Welt-Waffenhandels bestreiten, ganz im Sinne des Bush-Plans für "eine von Massenvernichtungswaffen freie Zone im Nahen Osten" und für den Verzicht auf Waffenexporte aus, die, "unter Berücksichtigung der Umstände, der Stabilität abträglich wären". Zudem erklärten sie, durch Informationsaustausch für mehr Transparenz im Nahost-Handel mit konventionellen Waffen sorgen zu wollen (FR 158 [11.7.1991]: 1; Abdruck des Abschlußkommuniqués in Europa-Archiv 47.9 [10.5.1992]: D 331-333). In London, wo sich die exklusive Runde am 17. und 18.10.1991 zum zweitenmal traf, konnte man sich dann erstmals auf einige Richtlinien verständigen, die diese Intentionen (ein wenig) konkretisieren (FR 244 (21.10. 1991): 5; Abdruck der "Gemeinsame(n) Erklärung" in Europa-Archiv [s.o.]: D 356-358). Die dritte Washingtoner Gesprächsrunde vom 28./29.5.1992 erbrachte eine Einigung auf vorläufige Regelungen im Bereich der ABC-Waffen, außerdem dem Raketentechnik-Kontrollregime (MTCR: Missile Technology Control Regime) entsprechende Zusagen Chinas (FR 126 [1.6.1992]: 2).

- die auf dem Londoner Weltwirtschaftsgipfel der sieben führenden westlichen Industrienationen (G-7: Group of Seven) am 16. 7.1991 verabschiedete "Erklärung über den Transfer konventioneller Waffen und die Nichtverbreitung von ABC-Waffen"[11]

- sowie die Beschlüsse des UN-Sicherheitsrates zur nuklearen, chemischen und biologischen Entwaffnung des Irak (die auch andernorts als warnendes Signal verstanden werden dürften)[12].

Positiv zu vermerken sind ebenso

- die Entscheidungen Frankreichs und Chinas, nun doch dem Atomwaffensperrvertrag beizutreten[13],

---

[11]   Sie ist abgedruckt in Europa-Archiv 46.17 (10.9.1991): D 414-418. Unbefriedigend an der G-7-Erklärung wie auch an der Bush-Initiative bleibt - wie *Katrin Fuchs* zu Recht bemerkt - die unterschiedliche Behandlung der verschiedenen Rüstungskategorien: "Während die Vorschläge für den Bereich der atomaren, chemischen und biologischen Massenvernichtungsmittel auf den Abschluß bzw. die Stärkung global wirksamer Verträge zielen, strebt man im Bereich der Raketenproliferation und des konventionellen Rüstungsexports nicht Verträge, sondern lediglich einen politischen Konsens der Lieferländer an" ("Vage Absichten und gute Geschäfte. Zur aktuellen Rüstungsexport-Kontrollpolitik der Industrieländer". Informationsdienst Wissenschaft & Frieden 9.4 [1991]: 5-9, Zitat: 8f.).

[12]   Die Waffenstillstands- und Abrüstungsresolution 687 wurde am 3.4., die sie bekräftigenden und ergänzenden Resolutionen 707 und 715 wurden am 15.8. bzw. 11.10.1991 verabschiedet (Text in Vereinte Nationen 39.2 bzw. 39.6 [1991]: 74ff. bzw. 215ff.).
Zu den weitreichenden Implikationen dieser Beschlüsse des Sicherheitsrates auf das System der Sicherungsmaßnahmen der Internationalen Atomenergiebehörde (IAEO: International Atomic Energy Organization) und den Atomwaffensperrvertrag (NPT: Non-Proliferation Treaty) siehe den Beitrag von *Eric Chauvistré* in FR 78 (1.4.1992): 15.

[13]   Chinas Außenminister übergab dem britischen Premierminister am 9.3.1992 in London die Beitrittsurkunde. Der bereits im Juni 1991 von Präsident Mitterrand angekündigte französische NPT-Beitritt wird nach seiner Ratifizierung durch die Nationalversammlung am

- der durch interne Veränderungen oder durch den nach dem Irak-Schock verstärkten äußeren Druck in den "neuen Lieferländern" Brasilien, Argentinien, Südafrika und Nordkorea bewirkte Einstellungswandel gegenüber dem nuklearen Nichtverbreitungsregime[14],

- schließlich die Bemühungen der Gemeinschaft Unabhängiger Staaten (GUS), die nach dem Zerfall der UdSSR entstandenen Proliferationsgefahren in Zusammenarbeit mit dem Westen in den Griff zu bekommen[15].

19.6. dieses Jahres nun am 3.8. offiziell vollzogen werden.

[14] Südafrika ist dem Atomwaffensperrvertrag am 8.7.1991 beigetreten. Als wichtige Annäherung Brasiliens und Argentiniens an das NPT-Regime und als Zeichen der Bereitschaft, nun auch den Vertrag von Tlatelolco über das Verbot von Kernwaffen in Lateinamerika (1967) endlich in Kraft zu setzen, darf man wohl das in Zusammenarbeit mit der IAEO ausgearbeitete und am 13.12.1991 in Wien unterzeichnete bilaterale Kontrollabkommen über die friedliche Nutzung der Atomenergie werten. Ebenfalls ermutigend ist, daß am 19.2.1992 auf dem sechsten nord-süd-koreanischen Regierungstreffen neben dem "Wiederaussöhnungsvertrag" auch eine Erklärung über die Schaffung einer nuklearfreien Zone in Korea in Kraft gesetzt werden konnte und daß Nordkorea das nach jahrelanger Weigerung am 30.1.1992 unterzeichnete Sicherheitsabkommen zum NPT am 9.4. nun auch ratifiziert hat.

[15] Bereits am 21.12.1991 erklärten die vier Atomwaffenerben der UdSSR im Abkommen von Alma Ata (abgedruckt in FAZ 297 [23.12.1991]: 4), daß sie weder Kernwaffen noch die dazu nötige Technologie an Nichtkernwaffenstaaten weitergeben werden. Die ebenfalls dort getroffene Vereinbarung, alle in der Ukraine, in Weißrußland und Kasachstan stationierten taktischen Atomwaffen bis zum 1.7.1992 "zum Zwecke der Verschrottung unter gemeinsamer Aufsicht" nach Rußland zu schaffen, ist inzwischen - vorzeitig - erfüllt worden (FAZ 106 [7.5.1992]: 6).
Ebenfalls bedeutende Übereinkünfte wurden bezüglich der strategischen Atomwaffen erzielt: Am 23.5.1992 übernahmen die GUS-Atommächte mit der Unterzeichnung eines entsprechenden Zusatzprotokolls zum Vertrag über die Reduzierung strategischer Waffensysteme (START: Strategic Arms Reduction Talks) alle Vertrags-

Naiv wäre es freilich anzunehmen, über die Effektivitt der Nichtverbreitungspolitik entschieden allein Maßnahmen auf der Angebotsseite.
Die Tatsache,

- daß es gegenwärtig insgesamt wohl "nur" 9 "erklärte" und "heimliche"
Atommächte gibt, obwohl mindestens 36 Staaten technisch und finan-
ziell zum Bau zumindest einiger Atomwaffen fähig wären[16],

---

pflichten der UdSSR. Die Ukraine und Weißrußland sind (gemäß der
schon in Alma Ata gegebenen Zusage) ebenso wie nun auch Kasachstan (nachdem dessen Sicherheitsbedenken ausgeräumt werden
konnten: durch amerikanische Sicherheitsgarantien und durch den
auch von Rußland am 15.5.1992 paraphierten Taschkenter Bei-
standspakt) darüber hinaus bereit, ganz auf Nuklearwaffen zu ver-
zichten und wollen als Nichtkernwaffenmächte dem NPT beitreten
(siehe FAZ 116 [19.5.1992]: 9; SZ 115 und 120 [19.5. bzw. 25.5.
1992]: 7 bzw. 8; Arms Control Today 22.5 [June 1992]: 35f.).
Im Westen hat vor allem die mögliche Anwerbung arbeitsloser
sowjetischer Rüstungstechniker durch skrupellose Regime den Ruf
nach einem Sanktionsinstrumentarium des UNO-Sicherheitsrates
laut werden lassen, das es erlaubt, NPT-widriges Verhalten von
Staaten wirksam zu bekämpfen. Zu konkreten Ergebnissen hat bislang allerdings nur die ebenfalls in diesem Zusammenhang erhobene
Forderung nach einem internationalen Konversionsprogramm für
die Rüstungsforschung und -industrie in der GUS geführt: z.B. die
Gründung eines internationalen Wissenschafts- und Technologie-
zentrums in Rußland wird man wohl als einen wichtigen Beitrag zur
Entschärfung des Proliferationsproblems ansehen dürfen (SZ 24
[30.1.1992]: 14; SZ 60 [12.3.1992]: 10; FAZ 121 [25.5.1992]: 1).
Als durchaus nicht überflüssig muß es mit Blick auf die Behand-
lungsart des Themas Proliferation in Teilen der westlichen Öffentlichkeit erscheinen, an dieser Stelle auch vor einer gar nicht so
seltenen Neigung zum "Alarmismus" zu warnen; denn dieser könnte
leicht fragwürdigen technizistischen Sicherheitsvisionen und der
Relegitimierung einer vorrangig in militärischen Kategorien denken-
den Sicherheitspolitik Vorschub leisten.

[16]   Als Staaten mit Atomwaffenstatus gelten neben den "klassischen"
Atommächten USA, UdSSR/GUS, Frankreich, Großbritannien,
China auch Indien, Israel, Pakistan und (noch?) Südafrika. Aufgege-
ben haben ihre Nuklearwaffenambitionen Argentinien, Brasilien,

- daß sich mittlerweile 142 Staaten mit ihrer NPT-Ratifikation dazu verpflichtet haben, nicht den Besitz von Atomwaffen anzustreben,

indiziert - auch wenn man, wie die Vertragsverletzung des Irak zeigt, nicht alle Unterschriften für uneingeschränkt glaubwürdig halten darf - dennoch eine zumindest beträchtliche Übereinstimmung von haves und have-nots in der Beurteilung der horizontalen Proliferation von Nuklearwaffen. Der relative Erfolg des bestehenden NPT-Regimes läßt sich durchaus nicht einfach mit der Regelungsmacht dominanter Staaten oder der Dialektik von Unterordnung und Protektion erklären, und auch als gegenseitiger Leistungstausch ist es in der Vergangenheit kaum wirksam geworden. Von mit ausschlaggebender Bedeutung dürfte bislang zumindest die Einschätzung vieler, wenn nicht der meisten Nichtkernwaffenstaaten gewesen sein, daß die Herstellung und Stationierung von Atomwaffen militärisch und sicherheitspolitisch allenfalls (vielleicht) wenig nützen, aber sicher sehr viel kosten würde[17].

Eine eingehende Untersuchung verdiente außerdem die in Theorien der internationalen Beziehungen noch vernachlässigte Frage, ob bzw. in welcher Weise auch internationale Normen und Wertorientierungen für die Erklärung des Verhaltens der verschiedenen Akteure im internationalen System relevant sind. Konkret: Könnte ein "fast universelles Übergewicht gegen die Bestrebung zur Weiterverbreitung" nicht auch etwas mit der universell wirkenden Kraft gegen Kernwaffen gerichteter normativer

---

Taiwan, Südkorea. Dagegen werden sie dem Irak, dem Iran, Libyen, Syrien, (noch?) Nordkorea (und von manchen Beobachtern auch Algerien) weiterhin unterstellt.- Vgl. *George J. Church.* "Who Else Will Have the Bomb?". Time 138.24 (December 16, 1991): 12ff.; *Michael Brzoska.* "Warum gibt es so wenige Atomwaffenstaaten?" Politische Vierteljahresschrift 32.1 (1991): 34-55.

[17] Vgl. dazu *Brzoska* (Anm.16); ebenso *Harald Müller.* "Das nukleare Nichtverbreitungsregime im Wandel". Europa-Archiv 47.2 (25.1. 1992): 51-58, insbes. 55f.

Überzeugungen zu tun haben?[18] Hierauf gilt es eine Antwort zu finden; denn eine unzureichende Bestimmung der Faktoren, die die Nichtverbreitungspolitik ermöglichen oder sie stützen und stärken (können), wirkt sich auf längere Sicht wohl kaum weniger kontraproduktiv aus als ein Übersehen oder Unterschätzen der sie unterminierenden Faktoren oder der direkt gegen sie gerichteten Bestrebungen.

Vermutlich eine der größten Gefahren für die Verlängerung des NPT im Jahre 1995 geht von der vertikalen Proliferation in den klassischen Atomwaffenstaaten aus, wie das Scheitern der letzten Überprüfungskonferenz im August 1990 wieder einmal drastisch vor Augen stellte. Vor allem viele Nichtkernwaffenstaaten der Dritten Welt wollen sich nicht mehr mit dem NPT als einem Instrument zur Verhinderung der horizontalen Proliferation zufriedengeben. Sie fordern von den Atommächten, endlich der Ermahnung des Artikels VI im NPT zu entsprechen, "in redlicher Absicht Verhandlungen zu führen über wirksame Maßnahmen zur Beendigung des nuklearen Wettrüstens in naher Zukunft". Als Prüfstein für deren Bereitschaft, horizontale Nichtverbreitung, nukleare Abrüstung und Eindämmung der vertikalen Proliferation als gleichrangig zu akzeptieren, erscheint ihnen der Abschluß eines umfassenden Teststoppvertrages (CTBT: Comprehensive Test Ban Treaty). Bleibt es also bei der ablehnenden Haltung der westlichen Kernwaffenmächte in der CTBT-Frage und wird der qualitative Rüstungswettlauf (auch) im Nuklearbereich (lediglich ein wenig verlangsamt) fortgesetzt, dann steht zu befürchten, daß dies am Ende doch die weltweite Akzeptanz des

---

[18] Vgl. *Brzoska* (Anm. 16): 47ff.- Erwähnenswert erscheint in diesem Kontext eine leider erfolglos gebliebene Initiative der Gruppe 77 (Zusammenschluß von inzwischen 128 Entwicklungsländern). Sie zielte darauf ab, eine Ächtung des Einsatzes von ABC-Waffen als "Verbrechen gegen Menschheit und Umwelt" in der "Erdcharta" zu verankern, die ursprünglich auf der UN-Konferenz über Umwelt und Entwicklung in Rio de Janeiro (3.6.-14.6.1992) beschlossen werden sollte (FR 67 [19.3.1992]: 1).

bestehenden NPT-Regimes im ganzen in gefährlicher Weise zu untergraben vermag[19].

Auch die (gleichwohl bedeutenden) amerikanischen und sowjetischen bzw. russischen Abrüstungsinitiativen seit dem Herbst letzten Jahres bedeuten noch nicht uneingeschränkt das Ende des (nuklear-)technologischen Rüstungswettlaufs[20]. Sie stehen auch (!) im Dienste einer auf Modernisierung und Neustrukturierung der (atomaren und konventionellen) Waffenarsenale abzielenden Umrüstungsstrategie. Sie haben nicht nur am Rande etwas zu tun mit den Szenarien künftiger Nord-Süd-Bedrohungen, mit der Diskussion über ein weltumspannendes Raketen-Abwehrsystem (GPALS: Global Protection Against Limited Strikes[21]),

---

[19] Vgl. hierzu *Constanze Eisenbart / Harald Müller*. "Proliferation und globale Rüstungskontrolle". Friedensgutachten 1991. *Hg. Johannes Schwerdtfeger / Egon Bahr / Gert Krell*. Münster, Hamburg: Lit, 1991. 264-277, insbes. 269ff.

[20] Eröffnet wurde diese Initiativensequenz von Präsident Bush am 27. 9. 1991 in einer Fernsehansprache (abgedruckt in Amerika Dienst - Sonderdienst [28.9.1991]; vgl. dazu *Franz-Josef Meiers*. "Bush und die neue nukleare Ordnung". Europa-Archiv 46.22 [25.11.1991]: 654-662), auf die Präsident Gorbatschow bereits eine Woche später mit einem "Sieben-Punkte-Programm" zur Abrüstung reagierte (abgedruckt in SZ 231 [7.10.1991]: 7). Weitere weitreichende Schritte Bushs und Jelzins folgten dann am 28.1.1992 ("Bericht des amerikanischen Präsidenten zur Lage der Nation". Amerika Dienst 4 [29.1.1992]; vgl. dazu die Erklärung des US-Verteidigungsministeriums vom 29.1.1992, veröffentlicht unter dem Titel "Waffenmodernisierung neuer Schwerpunkt des Pentagon" in Amerika Dienst 5 [5.2.1992]) bzw. am 29.1.1992 (Zusammenfassung der Rundfunkansprache Jelzins in FAZ 25 [30.1. 1992]: 2) und am 17.6.1992 während des Gipfeltreffens in Washington mit der Unterzeichnung eines "Rahmenabkommens" über den Abbau der strategischen Kernwaffen, das die START-Vereinbarung von 1991 fortschreibt (eine Übersicht zu dieser amerikanisch-russischen Vereinbarung findet sich in Arms Control Today 22.5 [June 1992]: 33 und Amerika Dienst 25 [24.6.1992]).

[21] Vgl. dazu Informationsstelle Wissenschaft & Frieden. "Dossier Nr. 10: Von SDI zu GPALS. Des Kaisers neue Kleider" (mit Beiträgen von *Bernd Kubbig, Jürgen Scheffran / Götz Neuneck / Jürgen Alt-*

über weltweit einsetzbare, mit High-Tech-Waffen ausgerüstete Truppen. Daher wecken sie insbesondere in südlicheren Weltgegenden nicht nur bei kriegerischen Diktatoren gemischte Gefühle und können kaum als unzweideutiger Beleg für ein mit dem Ende des Kalten Krieges freigesetztes "neues Denken" wahrgenommen werden.

Ohne Übertreibung fatal müßte man es nennen, würden durch eine aus Angst vor dem Verlust verläßlicher globaler Kontrollmacht betriebene, ressourcenverschlingende Sicherheitspolitik gerade diejenigen Bedrohungslagen mit verursacht, auf die man zu deren Rechtfertigung verweist. Denn sollte sich auch in den kommenden Jahrzehnten kein erheblicher Ressourcentransfer, keine gerechtere Gestaltung der Weltwirtschaftsbeziehungen durchsetzen lassen, so werden Instabilität und Not in manchen, wenn nicht vielen Teilen der Dritten Welt weiter zunehmen. Ohnmächtige Verzweiflung aber könnte im einen oder anderen Fall dann doch das Motiv dominant werden lassen, die verbliebene "Chaosmacht" durch den Erwerb von ABC-Waffen zu vergrößern - zumal wenn deren Handhabbarkeit, wie zu erwarten ist, ständig weiter verbessert wird. Dagegen gibt es keine sichere Verteidigung. Pointiert ausgedrückt: "Was kann SDI gegen einen atomaren oder bakteriologischen Sprengsatz in Kartongröße ausrichten, der im Diplomatengepäck eingeschleust wird?"[22]

Ein noch nicht angesprochenes Hindernis für den Beitritt zum NPT-Regime und für die Bereitschaft, auf die Nuklearwaffenoption zu ver-

---

mann / Wolfgang Liebert und Katrin Fuchs). Informationsdienst Wissenschaft & Frieden 10.2 (Juni 1992): I-XX.

[22] *Claus Eurich.* "Zielsicher in die Katastrophe. Die Dritte Welt könnte mit High-Tech-Waffen gegen ihre westlichen Lieferanten zurückschlagen". Die Zeit 6 (1.2.1991): 27. Ausführlicher: *Ders.* Tödliche Signale. Die kriegerische Geschichte der Informationstechnik. Frankfurt: Luchterhand, 1991. - Die in Eurichs plakativer Formulierung angesprochene Problematik wird in der aktuellen, auf Raketen fixierten GPALS-Debatte unverständlicherweise kaum beachtet. Vgl. die Kritik des ehemaligen amerikanischen Verteidigungsministers Harold Brown, zitiert in *Florian Gerster / Michael Hennes.* "Metamorphose eines ehrgeizigen Projektes: GPALS statt SDI". Europäische Sicherheit 41.2 (Februar 1992): 106.

zichten, sind für einige Länder bestimmte regionale Konfliktformationen mit (möglicherweise) allerdings globalen Implikationen; erwähnt werden müssen hier vor allem der israelisch-arabisch-iranische Konflikt, der pakistanisch-indische und (noch?) der Konflikt zwischen Nord- und Südkorea.

Der zuerst genannte Konflikt ist zugleich ein Beispiel für eine negative Wechselwirkung zwischen einerseits A-Waffen- und andererseits B- und C-Waffenoption. Arabische Länder, die die über das Genfer Protokoll von 1925 (Verbot des Einsatzes chemischer und biologischer Kampfstoffe) hinausgehende B-Waffenkonvention von 1972 nicht unterzeichnet haben und auch die Genfer Verhandlungen über ein weltweites Chemiewaffenverbot eher distanziert verfolgen, begründen ihre Haltung unter anderem mit dem Kernwaffenbesitz Israels[23].

Eine andere, auf den nächsten Abschnitt vorweisende Schwierigkeit, die der weltweiten Beseitigung einer B-Waffengefahr entgegenwirkt, ist das Fehlen eindeutiger, objektiver Kriterien zur Unterscheidung von offensiver und (noch? als erlaubt geltender) defensiver wie auch überhaupt militärischer und ziviler Forschung. Hinzu kommt, daß selbst "technisch" realisierbare Verbesserungen des unzulänglichen Verifikationsregimes dieser Konvention wegen ihrer zum Teil hohen Kosten kaum durchsetzbar sein dürften. Analog verhält es sich mit der C-Waffenproblematik.

Dadurch erhalten alle Bemühungen ein um so größeres Gewicht, die darauf hinwirken, daß möglichst niemand mehr solche Massenvernichtungsmittel besitzen *will*.

---

[23]   Auf der geheimen amerikanischen Liste der Staaten, die offensive B-Waffenforschung bzw. -entwicklung betreiben, sollen derzeit zehn Namen stehen. "Insbesondere die Region des Nahen Ostens und Mittleren Ostens scheint in diesem Zusammenhang von Bedeutung zu sein", so der Abrüstungsexperte *Oliver Thränert* in einem an der Universität Gießen gehaltenen Vortrag. Siehe FR 206 (5.9.1991): 18.

1.2.2 Rüstungsrelevanter Technologietransfer

Die auffällige Karriere des Terminus "dual use" in der jüngsten Debatte über Rüstungsexporte vermittelt den durchaus zutreffenden Eindruck, daß die Frage nach der Unterscheidbarkeit von rüstungsrelevanten und nicht rüstungsrelevanten Produkten, Dienstleistungen und Erkenntnissen in zunehmendem Maße komplizierte Probleme aufwirft. Das gilt sowohl für den oben behandelten ABC-Bereich als auch für den Bereich sogenannter konventioneller Technologie.

Die Vorstellung, man könne zwischen zivil und militärisch nutzbarer Nukleartechnik strikt trennen, wie es die lange Zeit herrschende Doktrin der internationalen Nuklearpolitik unterstellte, ist längst realisticheren Einschätzungen gewichen. Denn eine "vollständige Proliferationsresistenz irgendeines nuklearen Brennstoffzyklus, die eine der Voraussetzungen solcher Trennung wäre, ist aus physikalischen Gründen nicht erreichbar"[24]. Nicht eliminierbar ist ebenso die Grauzone beim Umgang mit Krankheitserregern und Toxinen. So können, um nur ein Beispiel zu nennen, "Techniken, die für die Entwicklung von Krebstherapien interessant sind, gleichzeitig auch zur Entwicklung biologischer Kampfstoffe taugen"[25]. Ähnlich gelagerte Beispiele aus dem C-Bereich seien - nach vielen skandalbedingten Nachhilfestunden für die deutsche Öffentlichkeit als bekannt vorausgesetzt.

---

[24] *Constanze Eisenbart.* "Krise und Chancen der Nichtverbreitungspolitik - Eine Einführung -". Nichtverbreitung von Nuklearwaffen - Krise eines Konzepts -. Hg. *Dies. / Dieter von Ehrenstein.* Heidelberg: FEST (Forschungsstätte der Evangelischen Studiengemeinschaft), 1990, 50.

[25] *Thränert* (Anm. 23).

17

Reine Anbieterabsprachen wie die der London Suppliers Group (LSG)[26] oder der Australia Group (AusG)[27] werden daher unzulängliche Instrumente der Nichtverbreitungspolitik bleiben, auch dann, wenn sich alle Länder, die A-, B- oder C-(Waffen-)Technologie liefern können - und das sind mittlerweile nicht mehr lediglich Altindustriestaaten -, an ihnen beteiligten. Zudem ziehen solche exklusiven Kontrollregime, in denen die haves nur oder primär mit Blick auf die eigene Interessenlage Restriktionen für die have-nots festzusetzen suchen, verständlicherweise den Diskriminationsvorwurf auf sich.

Dieser Vorwurf wird allerdings mit Blick auf den nicht ABC-waffennahen, gleichwohl auch rüstungsrelevanten konventionellen Technologietransfer lauter artikuliert.

Dieses Feld ist für den militärisch-sicherheitspolitischen "Alltag" der Entwicklungsländer wie auch in ökonomischer und entwicklungspolitischer Hinsicht überhaupt von größter Bedeutung. Hier konnten jedoch nicht - wie etwa im Rahmen des NPT - aufgrund eines Industrie- und Entwicklungsländer umgreifenden Konsenses auch inklusive, d.h. für die Staaten beider Ländergruppen geltende Vereinbarungen etabliert werden, und es dürften sich auch in absehbarer Zeit solche Vereinbarun-

---

[26] Hierbei handelt es sich um eine informelle Gruppe von Ländern, die sich auf die 1975 von den USA, der UdSSR, Frankreich, Großbritannien, der Bundesrepublik Deutschland, Kanada und Japan vereinbarten "Londoner Richtlinien" für sensitive Nuklearexporte verpflichtet haben. Nach längerer Unterbrechung wurde sie im März 1991 mit einem Treffen von 26 Staaten wiederbelebt. Siehe dazu *Peter Rudolf.* "Nonproliferation und internationale Exportkontrollpolitik". Außenpolitik (Zeitschrift für internationale Fragen) 42.4 (1991): 393ff.

[27] Diese ebenfalls informelle Gruppe mit inzwischen 20 Mitgliedern bemüht sich seit 1984 um die Verbesserung der Exportkontrollen im C-Bereich und seit einiger Zeit auch um die Eindämmung der Proliferation biologischer Kampfstoffe. Genauere Informationen bei *Rudolf* (Anm.26): 395f.

gen kaum erreichen lassen[28]. Das liegt freilich nicht nur an den divergie-
renden Momenten in den Interessenumschreibungen von haves und
have-nots. Auch innerhalb der Gruppe der Technologiebesitzer sind hier
- mehr als in den sehr ABC-waffennahen Bereichen - noch die zum Teil
beachtlichen Positionsdifferenzen wirksam, die in der Geschichte des
Coordination Committee for East-West-Trade Policy (CoCom) immer
wieder zu Konflikten führten, und zwar vor allem zwischen den USA und
vielen ihrer westeuropäischen Verbündeten[29].

So kam es auch seit den sechziger Jahren verschiedentlich zu beträcht-
lichen Reibungen zwischen der Bundesrepublik, der exportorientierten
Wirtschaftsmacht, und der westlichen Supermacht mit ihrer stärker
sicherheitspolitisch motivierten Prioritätensetzung. Auf eine zugegeben
plakativ vereinfachende Formel gebracht, könnte man entgegen der sonst
üblichen Charakterisierung von Deutschen und Amerikanern sagen:
Während man in Deutschland die in Außenwirtschaftsgesetz (AWG) und
Außenwirtschaftsverordnung (AWV) vorgesehenen rechtlichen Möglichkeiten zur Beschränkung des Exports rüstungsrelevanter Technologien ganz im Sinne des Prinzips der "Freiheit des Außenhandels" ("So

---

[28] Dagegen werden die Verhandlungen über ein allgemeines C-Waf-
fenverbot wohl demnächst abgeschlossen werden. Die westlichen
Länder haben ihre Differenzen (insbesondere bzgl. der Verdachts-
kontrollen; vgl. dazu FR 191 [19.8.1991]: 2; FAZ 18 [22.1. 1992]:
5) inzwischen beseitigt; Kritik an den vorgeschlagenen Kontrollmechanismen kommt allerdings weiterhin noch aus Ländern der
Dritten Welt (vor allem aus Pakistan, Iran, China, Indien). Sie
befürchten, daß ihre industrielle Entwicklung durch diese Kontrollen massiv behindert werden könnte. Vgl. FR 191 (19.8.1991): 2;
FAZ 18 (22.1.1992): 5; FAZ 122 (26.5.1992): 14.

[29] Vgl. hierzu *Michael Zürn*. "Das CoCom-Regime. Zum Erklä-
rungswert rationalistischer Theorien". Regime in den internationalen Beziehungen. Hg. *Beate Kohler-Koch*. Baden-Baden: Nomos,
1989, 105-149, insbes. 107-124; *Peter Rudolf*. "Die Vereinigten
Staaten und CoCom. Strukturen, Entwicklungen, Reformperspek-
tiven." Europa-Archiv 45.11 (1990): 359-368.

wenig Eingriffe wie möglich!") interpretierte und handhabte[30], setzte sich in den USA häufiger die Einstellung durch, den Export sensitiver Produkte im Zweifelsfalle als verboten zu betrachten.

Ob bzw. inwieweit die in den letzten Jahren zu beobachtende Annäherung der Einstellungen - bedingt durch die Überwindung des Systemgegensatzes Ost-West, durch Exportskandale, die die Bundesrepublik an den internationalen Pranger brachten, und zuletzt durch den Irak-Schock - von Dauer sein wird, ist schwer zu beurteilen. Zwar sind in Deutschland die Exportkontrollen (auch) für dual-use-Technologien seit 1989 sogar mehrmals verschärft worden[31]. Aber, werden sie trotz weiter vorhandener Widerstände, trotz der (z.T. durchaus nachvollziehbaren) Kritik an ihrer Praktikabilität, ihren Nebenwirkungen für ganze Sektoren der Exportwirtschaft überhaupt, *nicht* aufgeweicht werden?[32] Und die Vereinigten

---

[30] Vgl. - neben *Zürn* (Anm.29) - z.B. *Herbert Wulf*. Waffenexport aus Deutschland. Reinbek: Rowohlt, 1989, 108, passim; *Uli Jäger*. Rüstung ohne Grenzen? Handbuch gegen Rüstungsexporte. Tübingen: Verein für Friedenspädagogik, 1991, 43/48.

[31] Zu den seit der "Rabta-Wende" veränderten Ausfuhrbestimmungen siehe *Stefan Oeter*. "Neue Wege der Exportkontrolle im Bereich der Rüstungsgüter". Zeitschrift für Rechtspolitik 25.2 (1992): 49-55, insbes. 49f., 54f.; *Michael Brzoska*. "Neue" Rüstungsexportpolitik? Bestandsaufnahme und Handlungsvorschläge. Arbeitspapier Nr. 51 (1991) der Forschungsstelle Kriege, Rüstung und Entwicklung (Universität Hamburg - Institut für Politische Wissenschaft).
Die bislang letzte Novellierung des AWG wurde vom Bundestag am 23.1.1992 beschlossen und passierte am 14.2.1992 den Bundesrat (BGBl I 1992. 372ff; Dokumentation der Bundestagsdebatte in Das Parlament 6 [31.1.1992]: 2-5).
Die AWV ist seither noch zweimal, am 11.3. und am 6.4.1992, geändert worden (BAnz 1992. 2009 / 2217, 2997); eine völlige Neufassung der zuletzt am 30.3.1992 modifizierten Ausfuhrliste (AL) ist in Vorbereitung (BAnz 1992. 2817; FAZ 93 [21.4.1992]: 15).

[32] Ein Blick auf Überschriften im Wirtschaftsteil der FAZ mag diese Frage illustrieren: Ausfuhren werden durch Kontrollen behindert. Klagen der Exporteure / Wachsende Unsicherheit im Geschäft mit der Dritten Welt (78 [4.4.1991]: 15). - Exportgesetze sollen die Ausfuhr nicht blockieren. Vereinfachte Verfahren / "Exporteure sind

Staaten? Sie haben zwar im vergangenen und in diesem Jahr solchen Verkürzungen der CoCom-Liste zugestimmt, die den Export strategisch wichtiger Güter vor allem nach Mittelost- und Osteuropa wesentlich erleichtern, und sind nun sogar bereit, die ehemaligen sowjetischen Republiken und einige osteuropäische Staaten am CoCom zu beteiligen[33]. Ist damit aber generell die Tendenz zur "Vorverlagerung des Sicherheitsdenkens" umgekehrt worden?[34] Was ist aus der mit den Verhältnissen in weiten Teilen der Dritten Welt begründeten "Super-CoCom-Idee" geworden?[35]

Angetrieben werden - nicht nur in den USA - Bemühungen um eine größere CoCom-Reform nicht zuletzt auch durch das Problem, welches seit dem zweiten Golfkrieg zu einem der Hauptthemen der sicherheitspolitischen Diskussion geworden ist: die Proliferation von Trägertechnologien und einigen "benachbarten", ebenfalls für die Kriegsführung in den möglichen Regionalkonflikten der Dritten Welt besonders attraktiven konventionellen (dual-use-)Technologien. Erwartungen, das Problem ließe sich allein mit Hilfe eines verbesserten CoCom-Regimes sowie durch den Ausbau des 1987 von den G-7-Staaten begründeten, informel-

---

keine Privatdetektive im Auslandsgeschäft" (138 [18.6.1991]: 17). - Klagen über behindernde Exportkontrollen. Wirtschaftsministerium sieht Schwierigkeiten nur in Einzelfällen/Weitere Verfahrenserleichterungen angekündigt (179 [5.8.1991]: 11). - Ausfuhrbeschränkungen treffen den Maschinenbau besonders hart. ... (240 [16.10.1991]: 20). - Kritik an verschärften Exportkontrollen (257 [5.11.1991]: 16). - Vereinfachte Verfahren für Exportanträge. ... (286 [10.12.1992]: 15). - Liste "sensitiver" Exportmärkte gekürzt. Deutschland paßt sich der Kontrollpraxis anderer Länder an (19 [23.1.1992]: 13).

[33] Siehe FAZ 203 (2.9.1991): 13; 93 (21.4.1992): 15; 123 (27.5.1992): 15.

[34] Vgl. *Frank-Michael Bahr.* "COCOM als Waffe? Die Vorverlagerung des Sicherheitsdenkens durch Handelsbeschränkungen im High-Tech-Bereich". Angst vorm Frieden. Hg. *Wolfgang R. Vogt.* Darmstadt: Wissenschaftliche Buchgesellschaft, 1989, 185-195.

[35] Siehe dazu FR 37 (13.2.1991): 3; FAZ 30 (5.2.1992): 11 (zu den CoCom-Beratungen vom 4./5.2.1992).

len Missile Technology Control Regime (MTCR)[36] bewältigen, müßte man freilich realitätsfern nennen. So neigen die wissenschaftlichen Beiträge zu diesem Thema denn auch fast durchgängig der Annahme zu, daß die Proliferation insbesondere der Trägertechnologie auf solche Weise allenfalls verlangsamt, nicht mehr jedoch verhindert werden kann, zumal sich kaum alle Lieferländer in "Anbieterkartelle" integrieren lassen dürften[37].

Daher muß - unter den Bedingungen verminderter Steuerungsmacht der Industrieländer - verstärkt nach Konzepten gesucht werden, die eben nicht als Versuch der Absicherung "technologischer Apartheid" denunziert werden können. Weitreichende Maßnahmen, "die eine internationale Kontrolle und Überwachung einschließen, kann man nicht erzwingen. Aber vielleicht würden viele Regierungen von sich aus zustimmen, wenn sie gleichsam die Eintrittskarte für eine exquisite Staatengemeinschaft wären"[38].

---

[36]   Als besonders gravierend wird in diesem Zusammenhang von den Experten, so auch von Peter Rudolf, das dual-use-Problem bei den Marschflugkörpern eingeschätzt. Er schreibt: "Hier gehen Technologien und Ausrüstungen ein, die auch beim Bau von Zivilflugzeugen verwendet werden. Marschflugkörper aber werden ein wachsendes Problem darstellen. Denn die technischen Schwierigkeiten dürften beim Bau von Marschflugkörpern geringerer Zielgenauigkeit leichter zu überwinden sein als bei ballistischen Raketen. Und über die kommerzielle Nutzung des amerikanischen Global Positioning System (GPS), eines Satellitennavigationsverfahrens, läßt sich die Zielgenauigkeit erhöhen. GPS-Empfänger gehören daher neben Supercomputern und Software für die Raketenentwicklung zu jenen Komponenten und Technologien, die die USA jetzt im Rahmen des MTCR multilateralen Kontrollen unterwerfen möchten" (*Rudolf* [Anm.26]: 397/8).

[37]   Vgl. hierzu - außer *Rudolf* (Anm. 26): 396ff. - z.B. auch *Kathleen C. Bailey*. "Can Missile Proliferation Be Reversed?". Orbis 35 (Winter 1991): 5-14; *Janne E. Nolan / Albert D. Wheelon*. "Ballistische Raketen: Verbreitung ohne Grenzen?". Spektrum der Wissenschaft (Oktober 1990): 132ff.

[38]   *Nolan / Wheelon* (Anm. 37): 144. Vgl. auch *Janne E. Nolan*. "The Global Arms Market After the Gulf War: Prospects for Control. "The Washington Quarterly 14.3 (Summer 1991): 125-138.

1.2.3 Handel mit konventionellen Kriegswaffen

Die Bundesrepublik Deutschland hat - folgt man der offiziellen Selbsteinschätzung ihrer Regierungen - stets eine restriktive Rüstungsexportpolitik betrieben. Dem ist insofern zuzustimmen, als in der Tat auch schon vor der "Rabta-Wende" gesetzliche und politische Vorgaben beschlossen werden konnten, die insbesondere für Rüstungsgüter im engeren Sinne (Waffen, Munition, Rüstungsmaterial im Sinne der Kriegswaffenliste des Kriegswaffenkontrollgesetzes [KWKG] bzw. der Ausfuhrliste I A zur AWV) vom Wortlaut her eine vergleichsweise strenge Exportkontrolle erlaubten[39]. Eine Untersuchung der tatsächlichen Genehmigungspraxis rechtfertigt es jedoch, mit Blick auf die zweite Hälfte der siebziger und die achtziger Jahre von einem Liberalisierungstrend zu sprechen[40]. Jedenfalls haben die jeweils geltenden Vorschriften und Grundsätze nicht verhindert, daß die westdeutsche Rüstungswirtschaft in diesem Zeitraum zu einem der Hauptrüstungsexporteure aufstieg[41].

---

[39] Neben den verschiedenen Fassungen des Ausführungsgesetzes zu Artikel 26 Abs. 2 des Grundgesetzes (KWKG) vom 20.4.1961 und des AWG vom 28.4.1961 samt den des öfteren modifizierten dazugehörigen Durchführungsverordnungen, Produkt- und Länderlisten sind hier vor allem die "Politische(n) Grundsätze der Bundesregierung für den Export von Kriegswaffen und sonstigen Rüstungsgütern" vom 16.6.1971 bzw. die noch heute gültigen Grundsätze vom 28. 4. 1982 (veröffentlicht in Bulletin des Presse- und Informationsamtes der Bundesregierung 38/1982. 309ff.) zu nennen.

[40] Vgl. hierzu *Michael Brzoska*. Rüstungsexportpolitik. Lenkung, Kontrolle und Einschränkung bundesdeutscher Rüstungsexporte in die Dritte Welt. Frankfurt: Haag + Herchen, 1986, insbesondere die Kapitel 8 und 10; *Herbert Wulf*. Waffenexport aus Deutschland. Geschäfte mit dem fernen Tod. Reinbek: Rowohlt, 1989, Teil II.

[41] Im Jahresbericht 1991 des *Stockholm International Peace Research Institute (SIPRI)* steht die Bundesrepublik in der Liste der Exporteure von Großwaffen ("major conventional weapons"), die den Zeitraum 1986-90 erfaßt, mit Ausfuhren im Wert von 1.120 (1986), 676 (1987), 1.270 (1988), 716 (1989) und 963 (1990), also insgesamt 4.745 US-Dollarmillionen (zu Preisen von 1985) hinter der UdSSR

Über die Zukunft der nach "Rabta" verschärften deutschen Exportkontrollen wird nun allerdings nicht mehr lange allein in Bonn entschieden werden können. Spätestens mit dem Wegfall der Handelsschranken innerhalb der EG am 1.1.1993 werden sich auch auf diesem Politikfeld die Spielregeln ändern. Droht dann den deutschen Exportkontrollen der Zusammenbruch? Oder wird es gelingen, deren Kriterien in eine gemeinsame europäische Regelung einzubringen? Klar und eindeutig lassen sich diese Fragen gegenwärtig noch nicht beantworten. Immerhin darf man erwarten, daß überhaupt wenigstens für Produkte und Technologien mit sowohl zivilem als auch militärischem Verwendungszweck noch in diesem Jahr gemeinsame Kontrollvorschriften beschlossen werden, die auf diese sogenannten strategisch empfindlichen Waren bezogene Initiative der EG-Kommission vom Januar dieses Jahres also zu konkreten Ergebnissen führen wird[42].

Die von der EG-Kommission ebenfalls erstrebte Beseitigung von Art. 223 des römischen Vertragswerks von 1957, der es jedem Mitgliedsstaat

---

(60.799), (den USA (53.811), Frankreich (13.783), Großbritannien (7.752) und China (7.684) an sechster Stelle. Beliefert wurden 31 Staaten, 41% dieser Waffenexporte gingen in die Dritte Welt (zum Vergleich: UdSSR -38 / 71%, USA - 77 / 40.4%, F - 73 / 76.1%, GB - 49 / 80.1%, Ch - 22 / 98.5% (SIPRI Yearbook 1991. World Armaments and Disarmament. Ed. *SIPRI*. Oxford, New York: Oxford University Press, 1991, 198. - *Ian Anthony*. "The Global Arms Trade". Arms Control Today 21.5 [1991]: 3-8).
Die Exportwerte für *alle* nach der Ausfuhrliste I A zur AWV genehmigungspflichtigen Rüstungsgüter liegen freilich weit über denen der SIPRI-Liste; nach Auskunft der Bundesregierung wurden allein 1988 Waren dieser Kategorie im Wert von 5,3 Milliarden Mark, 1989 im Wert von 7 und 1990 gar im Wert von 13 Milliarden DM legal ausgeführt (FR 62 [14.3.1991]: 5). Und noch einmal um ein Vielfaches größere Zahlen wären in einer Exportstatistik zu veröffentlichen, die wirklich *alle* rüstungsrelevanten Waren (einschließlich dual-use-Güter) und Dienstleistungen berücksichtigte.

[42] Vgl. FAZ 19 (23.1.1992): 13; *Rainer Rupp*. "Der Gemeinsame Markt und die europäische Rüstungsindustrie". Europäische Sicherheit 41.4 (April 1992): 222f.

freistellt, die Maßnahmen zu ergreifen, "die seines Erachtens für die Wahrung seiner wesentlichen Sicherheitsinteressen erforderlich sind, soweit sie die Erzeugung von Waffen, Munition und Kriegsmaterial oder den Handel damit betreffen", dürfte sich dagegen so bald nicht durchsetzen lassen. Und wenn es bereits vor einer solchen Vertragsreform, die den Export "klassischer" Rüstungsgüter unter die Jurisdiktion der Kommission bringt, zu informellen europäischen Absprachen - EG-weit oder im Rahmen der Independent European Programme Group (IEPG)[43] - kommen sollte, würden sie schwerlich das deutsche Restriktionsniveau erreichen. Denn die Regierungen der anderen großen Lieferländer stehen in dieser Frage unter einem geringeren politisch-ethischen Legitimationsdruck als die deutsche. Zudem sind, zum einen, die großen Rüstungsproduzenten dieser Länder in höherem Maße vom Rüstungsgeschäft und vom Waffenhandel abhängig, zum anderen kommt ihnen eine größere volkswirtschaftliche, insbesondere auch eine größere industrie- und technologiepolitische Bedeutung zu[44]. Nach dem Ende der großen

---

[43] Die IEPG ist ein informeller Zusammenschluß der europäischen NATO-Mitglieder (einschl. Frankreichs) zur Förderung einer koordinierten Rüstungsentwicklung und -produktion.
Zum Spannungsverhältnis EG - IEPG siehe *Igor Aschersleben.* "Europäischer Rüstungsmarkt oder Euro-Protektionismus?" Europäische Sicherheit 40.12 (1991): 688-691.

[44] Einige Zahlen, die diese Aussage stützen können, seien an dieser Stelle angeführt:
Von den drei mit großem Abstand führenden europäischen Rüstungsindustrien hat die Frankreichs die höchste Exportquote; zwischen 1984 und 1989 lag sie bei etwa 45%. Zum Vergleich: Aus Großbritannien wurden 33% und aus der Bundesrepublik etwa 10% der Waffenproduktion exportiert (*Thomas Bagger.* Rüstung und Rüstungsbeschaffung in Europa: Perspektiven für die neunziger Jahre. 1991 [unveröffentlichtes Manuskript]. Quelle: *Martyn Bittleston.* "Cooperation or Competition? Defence Procurement Options for the 1990s". Adelphi Papers 250 [Spring 1990]: 25). Der durchschnittliche Anteil des Wehrgüterumsatzes am Gesamtumsatz betrug 1988 bei den 5 bzw. 10 gröten Konzernen der Rüstungswirtschaft in Frankreich 51.9% bzw. 40%, in Großbritannien 40.9% bzw. 38.5% und in der Bundesrepublik 8.3% bzw. 9.3% (*Manfred Berger* u.a. Produktion von Wehrgütern in der Bundesrepublik Deutschland. Ifo-Studien zur Industriewirtschaft 42. München: Ifo-Institut für Wirt-

Ost-West-Konfrontation werden jedoch die Beschaffungsetats der westlichen Bündnispartner, trotz mancher zu erwartender oder bereits auf den Weg gebrachter Umrüstungsprogramme mit lukrativen Gewinnaussichten vor allem für einige High-Tech-Sektoren der Rüstungsbranche, in den kommenden Jahren weiter sinken. Daher muß als wahrscheinlich gelten, daß gerade auch die an Überkapazitäten leidenden großen französischen und britischen Rüstungsindustrien verstärkt um Kunden jenseits der eigenen und der Bündnisgrenzen werben werden. Ihre Bereitschaft,

---

schaftsforschung,1991, 125).

Aufschlußreich ist auch ein Vergleich der Aufwendungen für militärische Forschung und Entwicklung: Von dem 39%-Anteil öffentlicher Mittel an den gesamten Aufwendungen für Forschung und Entwicklung wurden 1985 in der Bundesrepublik knapp 12% in die Rüstungsforschung investiert, von dem 58%-Anteil in Frankreich dagegen rund 34% und von dem 54%-Anteil in Großbritannien fast 52%. (In Ermangelung einer neueren Zusammenstellung vergleichbarer, d.h. mittels gleicher Erfassungs- und Berechnungsmethoden erhobener Daten präsentiert *Bagger* [a.a.O.] diese Zahlen von 1985. "Die seitdem eingetretene Steigerung der deutschen Rüstungsforschungsausgaben hat", wie Bagger ergänzend bemerkt, "den Abstand zu Frankreich und Großbritannien zwar etwas verringert, ändert aber nichts an den Größenordnungen". Quellen: *EUROSTAT*. Öffentliche Aufwendungen für Forschung und Entwicklung 1980-1986. Luxemburg, 1988; *EG-Kommission*. Erster Bericht über den Stand der Wissenschaft und Technologie in Europa. KOM [88] 647 endg.) - Leider ist es im gegebenen Rahmen nicht möglich, diese Durchschnittszahlen aufzuschlüsseln; denn das ermöglichte einige Rückschlüsse auf das Restriktionsprofil der jeweiligen Rüstungstransferpolitik. So indiziert, um ein Beispiel wenigstens zu nennen, der weit überdurchschnittliche Rüstungsanteil am Produktionswert und am Export der westdeutschen Schiffsbauindustrie durchaus spezifische Auswirkungen der Werftenkrise auf die restriktive Komponente der bundesdeutschen Rüstungstransferpolitik (die Ifo-Studie [*Berger*. A.a.O., 102, 72] nennt für den Zeitraum von 1980 - 1988 bei Wasserfahrzeugen Produktionswertanteile zwischen 8.6% und 39.4%, also fast 20% im Durchschnitt, und Exportquoten von 18.3% [1982], 39.4% [1987] und 54.2% [1988]).

Vgl. auch *Jochen Schmidt*. Die Abhängigkeit der Rüstungsindustrien Frankreichs, Großbritanniens und der Bundesrepublik Deutschland von Rüstungsexporten in die Dritte Welt. Diss. München/Neubiberg, 1989.

gegenüber den bei manchen einfacheren Wehrgütern preiswerteren Neu-
anbietern qualitative Konkurrenzvorteile auszuspielen und auf dem von
einer wachsenden Zahl von Produzenten umkämpften Rüstungsmarkt
auch hochmoderne konventionelle Wehrtechnik anzubieten, dürfte von
den Regierungen im Regelfall nicht allzusehr behindert werden: weil
durch eine Erhöhung der Produktionszahlen der rasante Anstieg der
Systemkosten abgebremst, der eigene Verteidigungshaushalt entlastet
und nicht zuletzt mit der Ertragslage zugleich auch die Konkurrenzfähigkeit der einheimischen Unternehmen in einer schwierigen Phase der
Restrukturierung der westeuropäischen Rüstungswirtschaft verbessert
werden kann[45].

Gerade der zuletzt genannte Punkt spielt auch eine prominente Rolle in
der Kritik der deutschen Industrie an besonderen nationalen Exportre-
striktionen[46]. Obwohl diese Bestimmungen unter anderem im Rahmen
von Koproduktionsabkommen mehr Exporte zulassen, als man zunächst vermuten möchte, erscheinen sie ihr dennoch als ein gefährliches
Handicap: Solche Restriktionen könnten in Verbindung mit fortbeste-
henden Wettbewerbsverzerrungen im Verhältnis zu staatlichen oder
staatlich gelenkten und mit staatlichen Beihilfen massiv unterstützten
Unternehmen anderer Länder (wie z.B. Frankreichs, Italiens und Spani-
ens) dazu führen, daß der im Zuge der internationalen Konzentration der
westlichen Rüstungsindustrie mitzubewältigende Schrumpfungsprozeß[47]

---

[45] Eine genauere Darstellung der Problemlage bietet jetzt eine von
Michael Brzoska und *Peter Lock* herausgegebene SIPRI-Studie:
Restructuring of Arms Production in Western Europe. Oxford, New
York: Oxford University Press, 1992.

[46] Vgl. *Aschersleben* (Anm. 43), der insbesondere auch auf die sieben
"Thesen zur Abrüstung und Rüstungskonversion" des BDI und das
Memorandum des Daimler-Benz-Chefs Edzard Reuter zum Problem
einer einheitlichen Exportkontrolle vom 21.3.1991 Bezug nimmt.

[47] Ende der achtziger Jahre waren in Westeuropa gut 1.4 Millionen
Menschen direkt oder indirekt mit der Herstellung von Waffen und
militärischen Geräten beschäftigt, über vier Fünftel von ihnen in der
Bundesrepublik, Frankreich und Großbritannien. *Werner Voss* (Europäischer Binnenmarkt und Konversion. Was haben sie miteinander
zu tun? PFK - texte Nr. 11. Hg. Projektverbund Friedenswissenschaf-

auch die eigentlich sehr leistungsfähigen, privatwirtschaftlich organisierten deutschen Konkurrenten trifft[48]. Zusätzlich verstärkt wird dieser Wi-

---

ten Kiel. Kiel, Oktober 1991, 6f.) nennt folgende Zahlen: Bundesrepublik 1988 - direkt 132.000 = 1.6% der Beschäftigten im verarbeitenden Gewerbe, insgesamt 237.000 = 0.9% der Erwerbstätigen (Quelle: die auf 1988 bezogene Ifo-Studie von *Berger u.a.* [Anm. 44], 84ff.); Frankreich 1988 - direkt 270.000 = 4.2% der Industriebeschäftigten, insgesamt 400.000 = 1.9% der Erwerbstätigen; Großbritannien 1987/88 - 310.000 / 4.1% / 565.000 / 2.2% (Quelle: *Jörg Huffschmid / Werner Voss*. Militärische Beschaffung - Waffenhandel - Rüstungskonversion in der EG. Ansätze koordinierter Steuerung. Eine Studie des Progress-Instituts für Wirtschaftsforschung im Auftrag des Europäischen Parlaments. Bremen, Mai 1991, 14).
Im letzten Friedensgutachten geht *Herbert Wulf* in seiner Beschäftigungsprognose von noch rund 1.2 Millionen Arbeitsplätzen im Jahre 1991 aus. Schreibt man die Trends der vergangenen Jahre fort, werden seiner Einschätzung nach weitere 35.000 Arbeitsplätze pro Jahr wegfallen. "Bei Erfolgen in der Rüstungskontrolle, dem weiteren Rückgang der Beschaffungshaushalte und weiterhin sinkendem Rüstungsexport stehen möglicherweise sogar 70.000 Arbeitsplätze pro Jahr in der Rüstungsindustrie in den europäischen NATO-Ländern zur Disposition. Es ist nicht unrealistisch, davon auszugehen, daß die Rüstungsbranche im Jahrzehnt von Mitte der achtziger bis Mitte der neunziger Jahre fast halbiert wird" ("Rüstungsindustrie und Konversion". Friedensgutachten 1991 [Anm. 19], 302f.). Vgl. auch *Ian Anthony / Herbert Wulf*. "The economics of the West European arms industry" in *Brzoska / Lock* (Anm. 45), 17-35, insbesondere 33ff.

48 Vgl. *Hartmut Bebermeyer*. "Deutsche Rüstungsindustrie im internationalen Wettbewerb. Vielerlei Hemmnisse trotz beachtlicher Leistung". Europäische Sicherheit 41.1 (1992): 38, 40, 42-47; daneben aber auch *Erich Schmidt-Eenboom*. "Konversionsdruck auf die deutsche Waffenwirtschaft?". Mediatus 11.7/8 (1991): 17-23.
Die technologische Konkurrenzfähigkeit der deutschen Rüstungsproduzenten läßt sich nach Meinung beider Autoren gut an der Patentstatistik ablesen, die die Ifo-Studie (*Berger* [Anm. 44], 166) für den Zeitraum von 1982 bis 1988 präsentiert. Danach ist der "deutsche Beitrag zum rüstungstechnischen Fortschritt" mit 18.4% nach dem der USA mit 30.7% der zweitgrößte; es folgen Japan (17%), Frankreich (10.6%) und Großbritannien (8.8%). Für das "klassische" Wehrtechnikgebiet "Waffen und Munition" weist diese Statistik sogar einen deutschen Anteil von 32% aus. Er ist damit mehr als doppelt

derstand gegen eine restriktive nationale Rüstungstransferpolitik noch dadurch, daß bislang weder durch hinreichend klare Aussagen über die künftige Ausrüstungsplanung der Bundeswehr noch durch Entwicklung friedenspolitisch begründeter Konversionsperspektiven von der Industrie beklagte Planungsunsicherheiten beseitigt werden konnten.

Seit 1990 stehen die USA, die Führungsmacht des westlichen Bündnisses und zugleich *der* große Konkurrent der westeuropäischen Rüstungswirtschaft, auf der Liste der Exporteure konventioneller Großwaffensysteme wieder an erster Stelle[49].

Rückblickend ist freilich der weit überproportionale Rückgang der Nachfrage nach Waffen aus den Produktionsstätten der früheren UdSSR in erster Linie damit zu erklären, daß der Warschauer Pakt nach dem Scheitern der "realsozialistischen" Experimente in Mittel-, Süd- und Südosteuropa zerfallen ist, zudem bei zum Teil langjährigen Kunden aus der Dritten Welt, für die der Erwerb sowjetischer Waffen auch mit der Hoffnung auf politische Unterstützung durch die zweite Supermacht verbunden war, eine Zurückhaltung oder Umorientierung induzierende Irritation eingetreten ist und schließlich seit 1991 die Bezahlung aller Lieferungen in harter Währung gefordert wird. Während von 1989 auf 1990 im Zuge des allgemeinen Nachfrageschwunds die US-Exporte um immerhin auch 25% zurückgingen, mußte die Sowjetunion im gleichen Zeitraum gar einen Einbruch von 48% hinnehmen[50].

Für die Prognose, daß die Vereinigten Staaten auch auf absehbare Zeit der größte Exporteur konventioneller Waffensysteme bleiben werden, spricht vor allem, d.h. mehr noch als die (durch den technisch erfolgreichen "Waffentest" am Golf noch gesteigerte) Attraktivität amerikanischer Rüstungsgüter, die dennoch durchaus nicht komfortable Lage vieler ihrer Produzenten; denn die veränderte Weltlage zum einen, zum

---

so groß wie der der Vereinigten Staaten (15.2%) oder der Frankreichs (14.5%) und mehr als viermal so groß wie der britische (7.8%).

[49]   Vgl. SIPRI Yearbook 1991 (Anm. 41), 198.

[50]   *Vgl. Ian Anthony.* "The Global Arms Trade". Arms Control Today 21.5 (June 1991): 5f.

anderen ein seit längerem riskant hohes Haushaltsdefizit, das im laufenden Haushaltsjahr 1992 wohl nur knapp unter der 400-Milliarden-Dollar-Marke bleiben wird, haben die amerikanische Regierung dazu veranlaßt, keineswegs bloß marginale Kürzungen im Verteidigungsbudget vorzusehen[51]. An abrupten, massiven Umsatz- und Beschäftigungseinbrüchen als Folgen der reduzierten Binnennachfrage ist der Regierung jedoch ebensowenig gelegen wie der Industrie. Sie wird deshalb in einer Situation, in der für viele der auf den Frieden eher schlecht vorbereiteten US-Unternehmen Auslandsverkäufe "nicht mehr länger die Sahne auf dem Kuchen" sind, zumindest den Export konventioneller Waffen (im Unterschied zum [Rüstungs-] Technologietransfer) generell wie bisher vergleichsweise liberal handhaben[52]. Von seiten der Bush-Administration jedenfalls sind kaum Versuche zu erwarten, die verstärkten Exportanstrengungen der Industrie zu unterbinden und den Handel mit konventionellen Waffen drastisch einzuschränken. Im Gegenteil, nicht auszu-

---

[51] Bis 1997 sollen den diesjährigen Planungen der Bush-Administration zufolge 50.4 Milliarden Dollar bei den bewilligten Mitteln und 27.4 Milliarden bei den Ausgaben eingespart werden; und zwar nicht - wie von den Lobbyisten aus der Rüstungsindustrie erwartet - vor allem durch Personalkostenabbau, sondern durch Einschnitte im Beschaffungsetat. Siehe Amerika-Dienst 5 (5.2.1992): 2; SZ 30 (6.2.1992): 26.

[52] Nach einer Prognose der US-amerikanischen Aerospace Industries Association (=AIA) wird die Exportquote bei konventionellen Waffen bis zum Ende des Jahrzehnts von 15% auf 20% bis 25% steigen. Dem AIA-Vizepräsidenten Joel L. Johnson, von dem auch die zitierte Formulierung stammt, dient - wie so vielen Kritikern einseitiger Waffenexportbeschränkungen (deshalb sei hier einmal ausdrücklich darauf verwiesen) - das von Präsident Carter verfügte Vier-Jahres-Moratorium für Waffenexporte nach Lateinamerika als Begründung für seine eigene eindringliche Warnung vor einer restriktiven Rüstungstransferpolitik: "Herausgekommen ist, daß sich diese Länder an Europa und die UdSSR gewandt haben. Brasilien, Chile und Argentinien beschleunigten die Entwicklung ihrer eigenen Rüstungsindustrien und exportieren nun sowohl nach Lateinamerika als auch in andere Länder." (Siehe *Jo Angerer / Erich Schmidt-Eenboom*. "Erntedankfest der Rüstungsindustrie. Glänzende Geschäfte mit Golfkriegsgerät". Mediatus 11.7-8 [1991]: 10-14. Zitate: 12 bzw. 10).

schließen sind vielmehr - unterhalb der Ebene deklaratorischer Politik - solche Initiativen, die - wie die unmittelbar nach dem Golfkrieg dem Kongreß vorgelegte Forderung, die staatliche Import-Export-Bank zu Bürgschaften für "commercial sales" der Rüstungsindustrie zu ermächtigen - auf die Förderung amerikanischer Rüstungsexporte abzielen.

Neben sozial-ökonomischen Motiven bestimmen zweifelsohne auch im Falle konventioneller Rüstungsgüter nach wie vor (und vor anderen) außen- und sicherheitspolitische Motive die US-Exportpolitik, wenngleich, je nach Region und Situation, in unterschiedlicher Gewichtung[53]. Kritische Aufmerksamkeit fordert hierbei die Tatsache, daß zu den aus politischen Gründen bevorzugten Empfängern amerikanischer Rüstungswaren - ebenfalls: nach wie vor - Staaten gehören, deren innere Verhältnisse sich von denen stabiler demokratischer Rechtsstaaten erheblich unterscheiden (z.b. Saudi-Arabien). Auch schwerwiegende Fehlkalkulationen in der Vergangenheit - man denke nur an die Nahost-Politik: die Aufrüstung des Iran zu Zeiten des Schah-Regimes, dann die Unterstützung des Irak bis zur Besetzung Kuwaits[54] - haben den Primat der Kategorien eines machtpolitischen "Realismus" traditionellen Zuschnitts bei der Definition der "national security" und der Rechtfertigung daraus abgeleiteter Entscheidungen über die "security assistance" - in Gestalt von Militärhilfevereinbarungen, im Rahmen des Foreign-Military-Sales-Programme des Pentagon, durch staatliche Förderung kommerzieller Exporte - offenbar nicht nachhaltig erschüttern können.

Gefährlich wird man eine solche nicht-restriktive Rüstungstransferpolitik auch deshalb nennen müssen, weil sie den Prozeß qualitativen Wettrüstens forciert, weil sie regelrecht dazu nötigt, das Risiko nicht

---

[53] So hebt das SIPRI-Jahrbuch (Anm. 41) hervor: "While the politico-military aspects of arms transfers in the United States focus primarily on Middle East policy, questions of industrial competitiveness and the economic benefits of arms transfer relations increasingly focus on East Asia. Combined civil and military exports by aerospace manufacturers are the single most important foreign sales activity by the USA" (215).

[54] Vgl. dazu FR 94 (22.4.1992): 2 und FR 100 (29.4.1992): 8.

ausschließbarer künftiger Bedrohungen durch heute "befreundete" Empfängerländer zu vermindern, indem man für die Aufrechterhaltung einer Waffenhierarchie sorgt. "Nur dann kann man gefahrlos die eigenen überschüssigen Produkte losschlagen. Und dies wiederum muß man, um die Entwicklungskosten tragen zu können, die notwendig sind, um technisch überlegen zu bleiben"[55].

Einen eher noch schwereren Stand als in den USA oder in Westeuropa haben Kritiker einer Sicherheits- und Rüstungstransferpolitik, die weder lobbyismusresistent ist noch rüstungsfördernde Formen der "security assistance" strikt zu vermeiden sucht, gegenwärtig freilich bei den großen Waffenproduzenten des ehemaligen Ostblocks. Unter den gegebenen Bedingungen erscheint es den meisten Verantwortlichen dort geboten, den ökonomischen und damit zugleich auch politisch-sozialen Nutzen von Rüstungsexporten höher zu bewerten als deren (mögliche) friedenspolitische Kosten jenseits der eigenen Grenzen.

Vor allem in der früheren UdSSR kommt der politisch-ökonomische Systemwechsel nur langsam voran, von einem durchschlagenden Erfolg der durch vielerlei Widerstände behinderten Bemühung, die überdimensionale Militarisierung der Sowjetökonomie zu beseitigen, den riesigen, vor allem in Rußland und der Ukraine konzentrierten Rüstungskomplex aufzubrechen, die produktiven Kapazitäten vor allem seiner High-Tech-Inseln für die Modernisierung und Ausweitung der Zivilgüterproduktion zu nutzen (usw.), kann bislang wahrlich nicht die Rede sein[56]. Und in

---

[55] Das Zitat habe ich dem Beitrag "Jede Menge Panzer ... aber wer soll sie kaufen?" von *Birgit Schwarz* entnommen (Die Zeit 25 [14.6. 1991]: 15ff.). Vgl. auch *Frank Barnaby*. "Arms Control after the Gulf War". Conflict Studies 240 (April 1991): 1-27, vor allem 23f.

[56] Vgl. dazu *Andreas Heinemann-Grüder*. "Konversionschaos in Rußland. Probleme des Übergangs von der Rüstungs- zur Zivilproduktion". Blätter für deutsche und internationale Politik 37.3 (1992): 329f., 332-339; *Kenneth L. Adelman / Norman R. Augustine*. "Defense Conversion: Bulldozing the Management". Foreign Affairs 71.2 (Spring 1992): 26-47; *Hans-Henning Schröder*. Konversion in der UdSSR: Planungsansätze und Gesetzentwürfe. Berichte des Bundesinstituts für ostwissenschaftliche und internationale Studien 55

dieser prekären Lage setzen nun sowohl Reformer als auch diejenigen, die bei fortschreitender Abrüstung und Rüstungskonversion mit dem Verlust ihrer Macht, ihrer Privilegien oder gar mit Arbeitslosigkeit rechnen müssen, gerade auch auf die Exportmöglichkeiten jener Rüstungsunternehmen, die zur kleinen Zahl der Produzenten weltmarktfähiger Industriegüter gehören; die einen, um mit Hilfe des so erwirtschafteten Kapitals den Reformprozeß insgesamt beschleunigen, verstetigen und auch sozial erträglicher gestalten zu können, die anderen, weil Leistungsnachweise in Form der so dringend benötigten Devisen den Kapazitätsabbau im Rüstungssektor abbremsen helfen können.

Devisennot und äußerst brisante Konversionsprobleme wirken auch in der CSFR und in Polen als Hauptantriebsfaktoren bei der Suche nach Exportchancen auf dem zumal für "Ostblockwaffen" kleiner gewordenen Weltwaffenmarkt.

Im Falle der CSFR sind die Exportaktivitäten jedoch eingebunden in eine ehrgeizige Konversionspolitik. Die Entscheidung über deren Erfolg steht allerdings noch aus; es ist durchaus fraglich, ob die von Vaclav Havel und anderen Reformern nach dem Systembruch propagierte Zielsetzung, die Rüstungsproduktion drastisch zu reduzieren (oder gar aufzugeben) und aus dem Waffenhandel auszusteigen, die gegenwärtige wirtschaftliche Krise vor allem in der von der Rüstungsindustrie in hohem Maße abhängigen Slowakei überstehen wird[57].

(Oktober 1991); *Alexei Izyumov.* "Conversion in the Soviet Union - and Possibilities for Cooperation in the Baltic Region". Bulletin of Peace Proposals 22.3 (1991): 271-279.

[57] Die Schwerindustrie, und hier vor allem die Rüstungsindustrie, trug früher etwa 70% zum slowakischen Volkseinkommen bei. Heute benachteiligt die während der kommunistischen Ära aufgestülpte Monostruktur diese Teilrepublik schwer - die offizielle Arbeitslosenquote ist mit über 12% dreimal so hoch wie die in Böhmen und Mähren - und stärkt so die Position jener populistisch-nationalistischen Kritik am "Pragozentrismus" (und am rigorosen Prager Konversionsprogramm), die die Auflösung der tschecho-slowakischen Föderation bzw. deren Transformation in eine Konföderation betreibt. Vgl. Wirtschaftswoche 26 (19.6.1992): 43, 45; Handelsblatt

In Polen[58] dagegen konnten sich so weitreichende Forderungen selbst unter den Reformern zu keinem Zeitpunkt durchsetzen. Bei allem Bemühen, den unvermeidlichen Kapazitätsabbau im Rüstungssektor voranzutreiben, ging und geht es auch den postkommunistischen Entscheidungsträgern doch nicht um dessen Liquidation. Die Reforminitiativen in diesem Bereich (einschließlich des Bemühens um Joint-ventures mit westeuropäischen oder nordamerikanischen Firmen) sind vielmehr wohl auch stark vom "nationalen Interesse" an der Erhaltung einer eigenen Rüstungsindustrie mitbestimmt, was zugleich grundsätzlich exportfreundliche rüstungstransferpolitische Weichenstellungen impliziert. Denn mit der Nachfrage allein der polnischen Armee lassen sich die über die Rentabilität der Rüstungsproduktion entscheidenden kritischen Größen keinesfalls erreichen. Die polnischen Erfolgsaussichten auf dem internationalen Waffenmarkt sollte man jedoch nicht allzu hoch veranschlagen. Denn anders als Rußland und auch mehr noch als die CSFR, ganz zu schweigen von den westlichen Rüstungsexporteuren (und zwar auch von "kleineren" Anbietern wie den Niederlanden, Schweden, Italien und Spanien), ist die polnische Rüstungsindustrie darauf angewiesen, sich in "mittleren" und "unteren" Marktsegmenten gegen eine beträchtliche Anzahl von Konkurrenten auch aus der Dritten Welt zu behaupten. Schon 1990 klagte deshalb die Regierungszeitung Rzeczpospolita: "Leider hat Polen kein modernes Jagdflugzeug, keine sich selbst lenkenden Boden-Luft- oder Boden-Boden-Raketen im Angebot, wo es doch für dieses Gerät viele Käufer mit Koffern voller Dollar gibt"[59].

---

108 (5./6.6.1992): 9. *Franz Korkisch*. "Das Problem der Rüstungskonversion in der CSFR". Österreichische Militärische Zeitschrift 29.6 (1991): 545f.; *Adelman / Augustine* (Anm. 56): 37f.; *Ian Anthony* (Ed.). Arms Export Regulations. Oxford, New York: Oxford University Press, 1991, 50-54.

[58]   Vgl. *Anthony* (Anm. 57), 129-134.

[59]   Zit. nach *Janusz Tycner*. "Traumkunde geht fremd. Polens Rüstungsindustrie fürchtet den Ruin". Die Zeit 8 (15.02.1991): 24.
Ein nicht zu unterschätzendes Handicap für die polnischen Unternehmen (wie auch für andere Anbieter aus dem ehemaligen Ostblock) stellt jedoch auch die Unsicherheit potentieller Kunden bzgl. der Versorgungssicherheit dar: Durchaus konkurrenzfähige, gesuchte

Schwierigkeiten bereitet eine so veränderte und sich weiter zugunsten anspruchsvollerer Waffentechnik verändernde Nachfragestruktur auf dem enger gewordenen "Käufermarkt" für konventionelle Rüstungsgüter natürlich auch vielen Anbietern aus der Dritten Welt. Selbst Länder mit einer stark diversifizierten Rüstungsproduktionsbasis mußten in den letzten Jahren zum Teil dramatische Exporteinbrüche hinnehmen; man denke nur an die nach China größten Großwaffenexporteure des Südens: Brasilien und Israel[60]. Als durchweg äußerst problematisch wird man jedoch die Situation solcher "low-cost suppliers" einschätzen müssen, deren Industriestruktur nur eine geringe Fertigungstiefe aufweist, deren industrielle Enklaven gar vielleicht lediglich für die (Lizenz-)Produktion bestimmter Rüstungsgüter die nötigen Voraussetzungen bieten. Aufgrund ihrer sehr begrenzten Fähigkeit, sich den neuen Marktverhältnissen anzupassen, haben bzw. werden viele von ihnen die an den Aufbau der eigenen Rüstungsproduktion geknüpften kommerziellen Erwartungen in erheblichem Umfang korrigieren, wenn nicht abschreiben müssen. Die von ihnen produzierbaren und in der Regel politisch auflagenfrei angebotenen Rüstungswaren können in der gegebenen Situation schwerlich als stabil-lukrative Devisenquelle funktionieren, ebensowenig wie eine unter den Bedingungen fortwährender Abhängigkeit von fremder Technologie, ausländischen Vorprodukten, ausländischen Beratern etc. mögliche Rüstungsimportsubstitution die einst gehegten Hoffnungen auf Devisenersparnis zu erfüllen vermag[61].

Waffen(-systeme) werden sich gleichwohl kaum verkaufen lassen, wenn der Käufer damit rechnen muß, daß die für Ersatzteile etc. zuständige Herstellerfirma vor dem "Verfallsdatum" ihres Produkts liquidiert wird.

[60]   Vgl. SIPRI Yearbook 1991 (Anm. 41), 198 und 283f.

[61]   Neben oder gar vor diesem heute weithin dominierenden kommerziellen Interesse an einer eigenen Rüstungsproduktion waren bei der *Einstiegsentscheidung* durchgängig politische Motive bestimmend: Sicherung und Erweiterung der Handlungsspielräume des Staates (bzw. der herrschenden Eliten) nach außen wie nach innen, Ausrüstung der Streitkräfte nach eigenem Ermessen; Entwicklungsförderung durch Rüstung (Technologietransfer durch Rüstungskooperation, Rüstung als Motor nachholender Industrialisierung). Aber auch

II. AUFGABENSKIZZE

2.1 Rüstungstransferpolitik im Kontext der Friedenspolitik

In der Debatte über die deutsche Rüstungstransferpolitik standen bisher zu sehr die jeweils gerade aufgedeckten kriminellen Normverletzungen im Mittelpunkt, so als bildeten sie den Kern des Problems. Dies begünstigte einen Diskussionsverlauf, der weitgehend durch eine Wechselwirkung zwischen einer um Entschuldigung bemühten Strategie der Verschleierung von Verantwortlichkeiten und politischen Prioritäten einerseits und einer moralische Entrüstung und Anklage artikulierenden Position andererseits geprägt wurde.

Wer jedoch diese Problematik umfassend und genau in den Blick zu bekommen sucht, weil er sie wirklich ernst nimmt, und wem aus dem gleichen Grund wichtig erscheint, über die Darstellung einer guten Gesinnung hinaus zu konkreten Problemlösungsbeiträgen zu gelangen, den freilich muß ein solches "Drehbuch" der Auseinandersetzungen beunruhigen. Und er wird darauf drängen, daß sowohl diejenigen, die für die bisherige Rüstungstransferpolitik die Verantwortung tragen, als auch

---

bei den Rüstungstransferaktivitäten der wichtigsten Anbieter selber (Brasilien ausgenommen) hatten außenpolitische Motive noch vor einigen Jahren im Vergleich zu heute größeres Gewicht: So versuchte China sich nicht zuletzt auch mittels seiner Rüstungstransferpolitik in Abgrenzung von den beiden Supermächten als Anwalt der Dritten Welt zu profilieren; Israel sah in Rüstungsexporten auch ein Instrument, seiner internationalen Isolation entgegenzuwirken, dem führenden "re-exporter" Ägypten ging es auch um seine Reintegration in die arabische Welt.
Genauere Ausführungen zum Thema "Third World suppliers" enthält das entsprechende Kapitel in *Michael Brzoska / Thomas Ohlson*. Arms Transfers to the Third World, 1971-85. Oxford, New York: Oxford University Press, 1987, 112-124; ebenso *Michael Brzoska / Peter Lock*. Rüstungsproduktion und Nuklearindustrie in der Dritten Welt. Militärpolitik Dokumentation, Heft 59-61. Frankfurt: Haag + Herchen, 1987; *Jäger* (Anm. 30), 157-168.

diejenigen, die sie unterstützt oder kritisiert haben, sich der zugegeben schwierigen Aufgabe stellen,

- erstens eine Rüstungstransferpolitik zu *formulieren*, die aufgrund der sie definierenden *öffentlichkeitsfähigen* allgemeinen Prinzipien, konkreten Maximen und Handlungsstrategien eindeutig als Bestandteil des "*Prozeßmusters* Frieden"[62] zu begreifen ist,

- zweitens den Vorrang einer (ethisch fundierten) friedenspolitischen Legitimierung oder Delegitimierung des Rüstungstransfers gegenüber anderen Gesichtspunkten *durchzusetzen*.

Im gegebenen Rahmen läßt sich natürlich nicht einmal diese Aufgabenstellung selbst so weit entfalten, wie es zur Ermöglichung einer sachgerechten Diskussion über Lösungsvorschläge eigentlich nötig wäre. Vielmehr muß sich diese Skizze darauf beschränken, lediglich anzuzeigen, *welche* normativen Gesichtspunkte die friedenspolitische Ortsbestimmung der Rüstungstransferpolitik primär bestimmen sollten.

Im Kontext der Arbeit an einer "Klärung der Minimalbestimmungen für eine globale Ethik" können mit guten Gründen die folgenden von Wolfgang Huber und Hans-Richard Reuter (im Anschluß an Überlegungen Karl-Otto Apels) formulierten Fragen als vordringlich bezeichnet werden:

"Die eine Frage richtet sich auf die Voraussetzungen für eine freie und gleichberechtigte Koexistenz der verschiedenen individuellen und soziokulturellen Lebensformen in ein und demselben Lebens-

---

[62] Die Formel vom "Prozeßmuster Frieden" verwendet *Ernst-Otto Czempiel* unter anderem in "Internationale Politik" (Paderborn: Schöningh, 1981). Es ist gekennzeichnet "durch abnehmende Gewalt und durch zunehmende Gerechtigkeit. Angewandt auf das Gittermodell der internationalen Politik bedeutet das, daß alle Handlungszusammenhänge daraufhin zu untersuchen sind, ob in ihnen und durch sie Gewalt vermindert und Gerechtigkeit vermehrt wird. Es handelt sich dabei um einen *relationalen Maßstab* [Hervorhebung: Eb], der sich dynamisch der historischen Entwicklung anpaßt" (33).

raum. Die andere zielt auf die kollektive Verantwortung für die Folgen der durch Wissenschaft und Technik eröffneten neuen Handlungsmöglichkeiten. Die erste Frage veranlaßt dazu, nach denjenigen Bestimmungen für die Rechtsstellung des einzelnen Menschen zu suchen, kraft deren sie sich in ihrer Verschiedenheit wechselseitig als Gleiche anzuerkennen verpflichtet sind. ... Die andere Frage nötigt zu neuen Überlegungen darüber, welche Vorstellung von Sicherheit der modernen wissenschaftlich-technischen Zivilisation und dem Gedanken wechselseitiger Anerkennung angemessen ist"[63].

Die beiden zentralen Gegenstände der hier anvisierten "universalistischen Makroethik der Menschheit"[64], die *Idee der Menschenrechte* und die *Idee gemeinsamer Sicherheit*, müßten - dafür plädiert dieser Text - auch als fundamentale Maßstäbe für die ethische Beurteilung rüstungstransferpolitischer Konzeptionen anerkannt werden.

Von diesen (durchaus nicht vagen, wenngleich interpretationsbedürftigen) *Ideen* und insbesondere von dem ihnen gemeinsamen *Gedanken gegenseitiger Anerkennung* her lassen sich mit Blick auf die wahrscheinlich wichtigsten Gewaltquellen[65] im internationalen "System", nämlich

- autoritäre nationale Herrschaftsstrukturen und

- politische, ökonomische, kulturelle Strukturen des internationalen "Systems" selber,

---

[63] *Wolfgang Huber / Hans-Richard Reuter*. Friedensethik. Stuttgart, Berlin, Köln: Kohlhammer, 1990, 311.

[64] *Karl-Otto Apel*. Diskurs und Verantwortung. Frankfurt: Suhrkamp, 1988, 12.

[65] Vgl. hierzu *Ernst-Otto Czempiel*. Friedensstrategien. Paderborn: Schöningh, 1986. 178. *Ders*. "Konturen einer Gesellschaftswelt. Die neue Architektur der internationalen Politik". Merkur 44.10/11 (1990): 835-851, insbes. 844. *Ders*. Weltpolitik im Umbruch. Das internationale System nach dem Ende des Ost-West-Konflikts. München: Beck, 1991, 29-35.

folgende Ziele einer *friedenssichernden, friedensfördernden* Politik[66] und damit auch einer ihr gemäßen Rüstungstransferpolitik ethisch auszeichnen[67]:

- Sicherung der individuellen Freiheits- und politischen Teilhaberechte (*Schutz der Freiheit* durch Rechtsstaatlichkeit und Demokratie);

- Anerkennung der legitimen Sicherheitsinteressen aller Akteure im internationalen System (*Schutz vor Gewalt* durch verläßliche Kooperation auf der Basis einer internationalen Rechtsordnung und im Rahmen von Systemen kollektiver Sicherheit, stabilitätskonforme Entmilitarisierung der internationalen Beziehungen),

- Bekämpfung sozialer Ungerechtigkeit (*Schutz vor Not* durch ökonomischen Ausgleich, sozial-ökologische Restrukturierung wirtschaftlicher Beziehungen),

- Ermöglichung vielfältiger kultureller Identitäten und ihrer friedlichen Koexistenz (*Schutz vor Chauvinismus* durch Empathie, reflexive Aufarbeitung distanzlos angeeigneter Selbst- und Weltdeutungen).

---

[66]   Diese begriffliche Unterscheidung zwischen der im engeren Sinne sicherheitspolitischen Aufgabe der Kriegsverhinderung ("Friedenssicherung") und der sie umgreifenden Aufgabe der Kriegsursachenbeseitigung und Friedensgestaltung ("Friedensförderung") findet sich in einer Reihe wichtiger kirchlicher Stellungnahmen zum Thema Frieden, unter anderem in "Gerechtigkeit schafft Frieden. Wort der Deutschen Bischofskonferenz zum Frieden" (18.4.1983). Die Deutschen Bischöfe 34. Hg. *Sekretariat der Deutschen Bischofskonferenz*. Bonn, Abschnitt 4.2 und 4.3; "Gottes Gaben - Unsere Aufgabe. Die Erklärung von Stuttgart" (22.10.1988 / Ökumenisches Forum "Gerechtigkeit, Frieden und Bewahrung der Schöpfung"). Arbeitshilfen 70. Hg. *Sekretariat ... Bonn*, 20.5.1989, Abschnitt 3.2 und 3.3.

[67]   Zum Folgenden vgl. *Dieter Senghaas*. Friedensprojekt Europa. Frankfurt: Suhrkamp, 1992, insbesondere 17f., 28f., 57f., 68f. (wo auch die hier hervorgehobenen Ausdrücke als Leitbegriffe fungieren); auch *Matthies* (Anm. 4), 10.

Im letzten Teil dieser Darlegung seien nun noch mit Bezug auf die oben unterschiedenen Problemkreise der Rüstungstransferpolitik einige wichtige Ansatzpunkte für eine Konkretisierung dieser normativen Vorgaben markiert[68].

2.2 Rüstungstransferpolitik (II)

2.2.1 Beseitigung der ABC-Waffen

Die fast universale Ächtung von Massenvernichtungsmitteln wird sich "unterhalb" der Ebene politischer Deklarationen nur dann durchsetzen lassen, wenn in den Machtzentren des Nordens die mit diesen Waffen gefüllten Arsenale zur Disposition gestellt werden[69]. Hinsichtlich der B- und C-Waffen ist dies (ganz ohne Vorbehalte?) geschehen und damit eine wichtige Voraussetzung für eine dem *Grundsatz der Gleichbehandlung* entsprechende Kontrollpraxis gegeben. Bei der Entwicklung und Implementierung wirksamer Kontrollmechanismen sollte man allerdings nicht zu sehr - bestimmt von einem tendenziell "technizistischen Sicherheitsverständnis" der Experten - darauf setzen, möglichst alle Risiken auf diesem Wege beseitigen zu können. Das ist, aus Sachgründen, weder machbar, noch wäre es wünschenswert, weil es in kaum vorstellbarer Höhe finanzielle Mittel verschlingen würde, die an anderer Stelle drin-

---

[68] Vgl. dazu *Michael Brzoska*. "Principles of legitimate arms transfer control". Oxford Research Group: International Control of the Arms Trade. Current Decision Report 8 (April 1992): 35-39.

[69] Vgl. (z.B.) *Steve Fetter*. "Ballistic Missiles and Weapons of Mass Destruction. What Is the Threat? What Should be Done?" International Security 16.1 (1991): 5-42, insbesondere 36, 41.

gend gebraucht werden. Viel wird deshalb von den Bemühungen abhängen, die *Motivation zum Erwerb* von ABC-Waffen zu *beseitigen*[70].

Im Zusammenhang einer konstruktiven Bearbeitung des Proliferationsproblems könnten internationale Sicherheitsgarantien für Regimeteilnehmer eine wichtige Funktion übernehmen, aber auch die Möglichkeiten einer Verknüpfung des Regimebeitritts mit attraktiven zivilen Kooperationsoptionen sind noch bei weitem nicht ausgeschöpft.

Besondere Probleme wirft das Thema "nukleare Abschreckung" auf, weil bei den Atommächten offenbar keine Bereitschaft besteht, auf Null abzurüsten. Zwar kann man unterstellen, diese Haltung sei die zwingende Konsequenz der Einsicht, daß man die nukleare Waffe nicht mehr wegerfinden kann; man kann der These folgen, daß wir nicht mehr hinter die nuklearen Bedingungen der Abschreckung zurückgehen können. Doch folgt daraus nicht - wie Dieter Henrich zu Recht bemerkt -, "daß keine weitgehenden Veränderungen in der Weise ihrer Verfügbarkeit angestrebt werden können und müssen". Zu fordern wäre sonach eine Einbindung der (reduzierten) Potentiale der Abschreckung in eine Friedensordnung, "die ihrerseits nicht mehr geradezu auf der Abschreckung als solcher, sondern auf der wechselseitigen Zustimmung zu ihrer Einbindung beruht"[71]. Ohne eine solche global zustimmungsfähige Einbindung aber bleibt der nukleare "double standard" ein gefährlicher Erosionsfaktor für alle Non-Proliferations-Regime[72].

---

[70] Vgl. (z.B.) *George W. Rathjens / Marvin M. Miller.* "Nuclear Proliferation after the Cold War". Technology Review. August/ September 1991: 25-32, insbesondere 26.

[71] Vgl. hierzu *Dieter Henrich.* Ethik zum nuklearen Frieden. Frankfurt: Suhrkamp, 1990, Zitate: 215, 78.

[72] Der naheliegenden Frage, ob dieser Gedanke - im Sinne einer "langfristigen Strategie zur *Entwaffnung der Staaten*" (*Guggenberger* [Anm. 2], 87) - die Forderung nach einer zentralen Kontrolle aller nuklearen Aktivitäten und Potentiale durch die UNO impliziert, kann hier leider nicht nachgegangen werden. Differenzierte Überlegungen dazu enthält *Erwin Häckel.* "Zukunftsprobleme der internationalen Nuklearpolitik: Nichtverbreitung und Abrüstung von Kernwaffen in

2.2.2 Kooperative Steuerung des Technologietransfers

Sollen für den Bereich des Technologietransfers auch nur aussichtsreiche Gespräche über *langfristig* wirksame Strategien zur weltweiten Bewältigung der dual-use-Problematik möglich werden, ist es erforderlich, für das entsprechende Umfeld zu sorgen. Solange nämlich die Industrieländer nicht gerade großen Aufwand treiben, das allgemeine Protektionismusproblem zu lösen, muß auch jede Initiative zur Kontrolle des Transfers sensitiver Technologie im Süden den Verdacht wecken, daß sie - unausgesprochen - primär doch nur dem Interesse an der Stabilisierung von Konkurrenzvorteilen dienen will. Umgekehrt wird man im Norden auch aus Sicherheitsgründen vor einer grundsätzlich liberalen Technologietransferpolitik zurückschrecken und zur Risikominderung weiterhin auf die Verbesserung exklusiver Verweigerungsregime setzen, solange angesichts vielfältiger religiöser, kultureller, ethnischer und entwicklungsbedingter Gegensätze und Konflikte zwischen Erster und Dritter Welt die Furcht begründet erscheinen kann, moderne sensitive Technik könne gerade in den Händen kulturell "vormodern" geprägter Völker oder Herrschaftseliten ein (auch) für andere, zumal die westlichen Gesellschaften, bedrohliches "Drama der Ungleichzeitigkeit" erzeugen[73].

---

langfristiger Perspektive". *Eisenbart / von Ehrenstein* (Anm. 24), 90-119, insbesondere ab 103. Vgl. auch *Hugh Beach*."Minimum Deterrence and the Protection of the Innocent. A Discussion Paper". Bulletin of Peace Proposals 23.1 (1992): 29-33.

[73] Was *Guggenberger* (Anm. 2) mit diesem Ausdruck (98) meint, wird im folgenden Zitat recht genau umschrieben:
"Der bedrohlichste Aspekt des gegenwärtigen Weltzustandes ist das Entstehen unkontrollierbarer, neuartiger Chaosmacht: Fast alle Akteure verfügen, auch weit unterhalb der Schwelle strategischer Nuklearsysteme, bereits über ultimative Vernichtungswaffen und global wirksame Zerstörungsmittel, lassen sich aber aufgrund der weltweit ungleichzeitigen Kulturentwicklung längst nicht alle auf dieselbe Handlungsrationalität festlegen. ... Die zwanghafte Europäisierung der Welt in noch nicht einmal einem Halbjahrhundert hat global eine lebensbedrohende Ungleichzeitigkeit von Wollen und Können, von technischer Wirkmächtigkeit und kulturweltlicher Bändigung entstehen lassen. ... Die Weltzivilisation gewordene europäische

Schon diese kurzen Hinweise lassen erkennen, was geschehen muß, damit weltweit der Gedanke einer Überlebens- und Sicherheits*partnerschaft* die nötige Durchsetzungskraft gewinnen kann. Von den Industrieländern ist vor allem die Einwilligung in eine umfassende Restrukturierung der Weltwirtschaftsbeziehungen zu fordern: *Vertrauensbildung durch Überwindung ökonomischer wie technologischer Apartheid, also durch Gerechtigkeit.*

Von vielen Ländern der Dritten Welt dagegen ist vor allem eine Beseitigung menschenunwürdiger Herrschaftsverhältnisse einzuklagen: *Vertrauensbildung durch eine (produktive) Aneignung der politischen Normen von Demokratie und Menschenrechten.*

Freilich, die Realisierung dieser Forderungen kann nur im Kontext eines tiefgreifenden Bewußtseinswandels erwartet werden. Die westlichen Wohlstandsgesellschaften müssen auf diesem Wege vor allem fähig werden, ihre Lebensverhältnisse und Lebensstile zumindest insoweit zu verändern, als sie gewaltige soziale und ökologische Kosten externalisieren und notwendig exklusiven Charakters sind. Außerhalb des europäischen Kulturkreises kommt es vielerorts mehr darauf an, fundamentalistische Strömungen mit ihrer latenten (von Herrschaftseliten instrumentalisierbaren) Gewaltbereitschaft zurückzudrängen. Es gilt zu einem Verständnis der jeweils eigenen Selbst- und Weltbeschreibung vorzustoßen, die selbstbewußten Widerstand gegen eine Überwältigung durch die westliche Zivilisation (auch in Gestalt aufgedrängter Technik) mit der Anerkennung (Achtung) einer Pluralität von Lebensformen ebenso zu

---

Zivilisation bedroht ohne jenes Maß an verläßlicher Selbstdisziplin, der sie ihren eigenen Erfolg verdankt, nachgerade die gesamte Gattung. Gewaltverzicht und Aggressionshemmung, Selbstbegrenzung und Selbstbeherrschungsfähigkeit, Toleranz und Maß - und obendrein noch die ungefähre weltweite Gleichverteilung all dieser Tugenden, sie wären das unhintergehbare Gebot einer globalen Überlebenspartnerschaft in der nuklearzeitlichen Ära. Ein solches Gebot stellt vor allem die Völker der nicht-europäischen Kulturbereiche unter einen historisch beispiellosen Lernzwang" (18, 23f.).

vereinbaren vermag wie mit der Forderung, menschenrechtszentrierten ethischen Normen universale Geltung zu verschaffen[74].

Bei der Suche nach geeigneten Ansatzpunkten für eine gemeinsame Arbeit an dieser großen und (zu?) schwierigen Aufgabe einer "Umfeldkonversion" drängt sich, zumal im gegebenen Kontext, das Thema Technik geradezu auf. Könnte nicht ein *Großer Dialog über das Verhältnis des Menschen zu Technik und Natur*, über das in allen Weltgegenden zunehmend als problematisch erfahrene Verhältnis zur technischen Macht in besonderer Weise die verschiedenen Selbst- und Weltdeutungen so vertiefen helfen, daß sie der Fixierung eines ethischen Minimalkonsenses und einer gemeinsamen Konkretisierung und Operationalisierung des Gedankens einer Wertegemeinschaft nicht mehr entgegenstehen? Könnte nicht gerade ein solcher Dialog das nötige Umfeld schaffen helfen für eine kooperative Steuerung auch des Transfers rüstungsrelevanter Technologie - und zunächst dafür, daß über Kriterien der Transferkontrolle, und in diesem Zusammenhang auch über den Unterschied zwischer diskriminierender und legitimer "Einmischung in die inneren Angelegenheiten", *vernünftig* gestritten werden kann?

Im Hinblick auf die bestehenden deutschen und die demnächst zu etablierenden europäischen Exportkontrollen für doppelverwendbare Güter spricht wohl der Gesichtspunkt der Praktikabilität zumindest nicht gegen, der Gesichtspunkt öffentlicher Kontrolle aber für Kontrollverfahren auf der Basis einer Güter-Empfänger-Matrix, wo das besondere Gewicht auf der Differenzierung der über den Güter*gebrauch* entscheidenden Empfänger liegt. Denn die konkrete Handhabung dieser Differenzierung in Verbindung mit einer ihr zugeordneten Risikoleiter, die möglichst wenige durch Gütereigenschaften definierte Stufen umfaßt, dürfte von einer kritischen (Welt-)Öffentlichkeit leichter auf Funktion und Begründung hin befragt werden können. Die Grundregel dieser Strategie läßt sich - auf eine einfache (überspitzte?) Formel gebracht - etwa so umschreiben:

---

[74] Vgl. zu diesem Punkt *Rainer Tetzlaff.* "'Wertegemeinschaft' zwischen Süd und Nord? Zur universalen Geltung von Demokratie und Menschenrechten." Kreuzzug oder Dialog. Die Zukunft der Nord-Süd-Beziehungen. Hg. *Volker Matthies.* Bonn: Dietz, 1992, 123-142; *Ernst-Otto Czempiel.* (Anm. 65), 88-98.

Der Transfer auch von dual-use-Technologie soll möglichst nicht behindert werden in bezug auf Staaten,

- die sich an etablierten (bzw. zu etablierenden) Systemen kollektiver Sicherheit sowie an inklusiven regionalen und globalen Regimen zur (Ab-)Rüstungs- und Rüstungstransferkontrolle beteiligen (sich insbesondere auch einer Gebrauchsüberprüfung von dual-use-Gütern nicht verweigern),

- deren innerstaatliche Verhältnisse (keine schwerwiegenden Verletzungen der individuellen, politischen und sozialen Menschenrechte) auch langfristig die Fähigkeit und den Willen zur Einhaltung der eingegangenen internationalen Verpflichtungen erwarten lassen.

Wo all diese Kriterien nicht erfüllt sind, ist der Technologietransfer generell unter Genehmigungsvorbehalt zu stellen und im Falle einer nicht ausschließbaren militärischen Nutzung zu untersagen.

Gewiß würde der Versuch, eine solche als praktikabel vermutete Strategie konsequent umzusetzen, auch manche (hier jetzt nicht im einzelnen diskutierbare) Schwierigkeiten aufwerfen. Denn es ist wohl wahr, daß man komplexen Situationen nur durch das mühsame und riskante "Geschäft" normbildender Anwendung gerecht werden kann. Um so wichtiger jedoch ist es, dieses "Geschäft" mit kritischer Aufmerksamkeit zu begleiten, damit sich nicht *prinzipienscheue* Pragmatik als situationsgemäß-flexible Anwendung deklarierter Prinzipien und Kriterien vortäuschen läßt[75].

---

[75] Über das Problem, den allgemeinen Anspruch der Menschenrechtsorientierung ins Besondere konkreter politischer Handlungen zu transformieren, belehren auch die Auseinandersetzungen über die deutsche Chinapolitik seit der Niederschlagung der Demokratiebewegung. Beruht die Freigabe billiger Kredite zur Anschaffung dreier Container-Schiffe, die auf ostdeutschen Werften gebaut werden sollen, wirklich auf der *Einsicht,* daß bei Menschenrechtskonflikten dissoziative Strategien gegenüber starken Staaten kontraproduktiv wirken müssen? Taugen Menschenrechts- und andere ethische Argumente am Ende doch nur als sekundäre Instrumente der Außenpolitik

2.2.3 Sicherheit ohne Waffen?

Dieser Titel verdient, als Ausdruck einer humanen Utopie verstanden, ein Ausrufungszeichen. Kaum jemand wird das bestreiten. Kontrovers, fraglich ist er dagegen als unmittelbare Handlungsanweisung: Wer militärisch gestützte Sicherheitspolitik grundsätzlich für illegitim hält, der wird konsequenterweise auch den vollständigen Abbau aller Rüstungskapazitäten und ein uneingeschränktes Verbot des Waffenhandels fordern. Dagegen wird jeder, der die Rückgriffsmöglichkeit auf Gewaltmittel gemäß Artikel 51 der UN-Charta als ultima ratio der Verteidigung - wie auch immer sonst noch konditioniert - für *sein* Land rechtfertigt, der Produktion und auch dem Export von konventionellen Rüstungsgütern Rechtfertigungs*fähigkeit* nicht rundweg bestreiten können[76]. In diesem Falle - darauf hinzuweisen ist vor dem Hintergrund der deutschen Debatte durchaus nicht trivial - müssen ohne differenzierte Begründung vorgetragene, uneingeschränkte oder pauschal auf die Dritte Welt bezogene Exportverbotsforderungen wie "imperiale Verweigerungsgesten" wirken und sind insofern zu kritisieren.

Die Forderung nach einer strengen Konditionierung des Kriegswaffenhandels verlangt dagegen zu Recht Unterstützung; Waffen sind keine beliebigen Waren. Die drei folgenden, diesen Text abschließenden Anmerkungen nennen einige Legitimationsbedingungen für Rüstungsexporte, die einem Begriff von Sicherheitspolitik korrespondieren, welcher den Besitz militärischer Mittel wie auch die Strategien militärisch gestützter Verteidigung an die durch das normative Ziel einer Entmilitarisierung der internationalen Beziehungen (vorrangige Option für Ge-

---

im Falle relativ schwacher ("Pariah"-)Staaten?
Zur Entscheidung über den China-Kredit vgl. FR 146 (26.6.1992): 4.

[76] Auszunehmen sind allerdings besonders grausame konventionelle Waffen im Sinne der am 10.10.1980 verabschiedeten UN-Konvention über Inhumane Waffen, z.B. Minen, Sprengfallen, Napalmbomben. Erstaunlicherweise hat der Deutsche Bundestag dieses Übereinkommen erst am 24.6.1992, elf Jahre nach der Unterzeichnung, ratifiziert.

waltlosigkeit) implizierten normativen Kriterien "Hinlänglichkeit" und "Abrüstungsverträglichkeit" bindet[77].

Erstens. Unter ethischer Rücksicht muß nach der *friedenspolitischen Bedeutung* eines geplanten Waffenkaufs, d.h. danach gefragt werden, ob er in Anerkennung der Pflicht zur "Politisierung der Sicherheit" in der jeweiligen Region erfolgen könnte: Ist er durch gegebene Bedrohungslagen gedeckt, dient er offengelegten defensiven Sicherheitskonzepten? Oder muß angenommen werden, daß Rüstungsexporte in die Region per se der Induzierung eines Wettrüstens gleichkämen, durch sie - möglicherweise gegen die Intention des potentiellen Waffenkäufers - Spannungen erhöht und kriegerische Auseinandersetzungen wahrscheinlicher würden? Welche Rolle spielt der potentielle Waffenkäufer bei regionalen und globalen Bemühungen, Rüstung und Rüstungstransfer zu kontrollieren, kollektive Sicherheitssysteme und gerechte Friedensordnungen zu etablieren?

Zweitens. Wie bereits oben dargelegt, darf eine ethisch verantwortete Rüstungsexportpolitik nicht die *innenpolitische Situation* der Käuferstaaten ausblenden; sie darf nicht vergessen, daß Waffenlieferungen generell die Regierungen stärken: Bietet die Regierung eines Landes die Gewähr dafür, daß die erworbenen Waffen nicht nur nicht in den Dienst einer aggressiven Außenpolitik gestellt werden, sondern auch nicht als Instrument illegitimer Herrschaftssicherung mißbraucht werden? Gefährden oder zerstören die Aufwendungen für militärische Zwecke die Voraussetzungen für eine nachhaltige Entwicklung ("sustainable development")?

Drittens. Die Regierungen der waffenexportierenden Länder haben die Aufgabe, ökonomisch bedingte "Exportzwänge" zu beseitigen (oder wenigstens zu minimieren) und *kommerziellen Interessen* an der Ermöglichung von "Exportoffensiven" entgegenzuwirken. So sind (bevorzugt, nicht ausschließlich) an die eigene, die europäische Adresse Fragen dieser Art zu richten: Welche Formen der Koordinierung der Rüstungspolitik, welche Formen der Einflußnahme auf den Restrukturierungsprozeß in der europäischen Rüstungsindustrie fördern eine ökonomisch wie

---

[77] Vgl. hierzu das Wort der katholischen Bischöfe zum Frieden (Anm. 66), 54.

friedenspolitisch vertretbare Rüstungskonversion? Bemüht man sich um mehr Transparenz, etwa durch Mitwirkung an einem Waffentransferregister, das Auskunft darüber erteilt, wer wem welche Waffen liefert[78]? Oder um die Erweiterung parlamentarischer Informations- und Kontrollrechte etc.?

Ganz besonders für *diese* zuletzt gestellten Fragen gilt: last, but not least; denn sie zielen darauf ab, den für die Erzeugung ethischer Begründungszumutungen so überaus wichtigen Einflußfaktor öffentliche Meinung zu stärken.

Diesem Einflußfaktor dient aber auch schon - wenngleich in äußerst bescheidenem Maße - jede sachliche und sachkundige Diskussion. Vielleicht kann das vorliegende Arbeitspapier ihr einen Impuls geben.

---

[78] Die Generalversammlung der Vereinten Nationen hat am 9.12.1991 die Einrichtung eines solchen Waffentransferregisters (United Nations Register of Conventional Arms) beschlossen.
Die KSZE-Außenminister "bekräftigten ihre Unterstützung" auf dem Prager Treffen vom 30./31.1.1992 in einer Erklärung über Nichtverbreitung und Waffentransfer und "verpflichteten sich nachdrücklich, ihm umfassende Informationen zu übergeben" (abgedruckt in Europa-Archiv 47.5 [10.3.1992]: D 176).

GLOSSAR

AL   Ausfuhrliste (Anlage zur AWV)

AusG   Australia Group
Informelle Gruppe von Industrieländern, die sich um die Harmonisierung und Verbesserung der Exportkontrollen für chemiewaffentaugliche Stoffe bemüht

AWG   Außenwirtschaftsgesetz

AWV   Außenwirtschaftsverordnung (zum AWG)

CoCom   Coordinating Committee for East-West Trade Policy
Komitee zur Koordination des Exports strategisch wichtiger Güter

CTBT   Comprehensive Test Ban Treaty
Umfassendes Teststopp-Abkommen für Nukleartests

G-7   Group of Seven
(Bezeichnung für die sieben führenden westlichen Industrienationen: Bundesrepublik Deutschland, Frankreich, Großbritannien, Italien, Japan, Kanada und die USA)

GPALS   Global Protection Against Limited Strikes
Mehrschichtiges strategisches Raketenabwehrsystem (in den USA in Entwicklung)

IAEO   International Atomic Energy Organization
Internationale Atomenergie-Organisation (mit Sitz in Wien)

IEPG   Independent European Programme Group
Unabhängige Europäische Programmgruppe (informeller Zusammenschluß der europäischen NATO-Mitglieder [inkl. Frankreichs] zur Förderung einer koordinierten Rüstungsentwicklung und -produktion)

KWKG   Kriegswaffenkontrollgesetz

LSG   London Suppliers Group
Runde der wichtigsten Lieferländer von Kernenergieanlagen,
die die "Londoner Richtlinien" für Nuklearexporte verfaßt
bzw. unterzeichnet haben

MTCR   Missile Technology Control Regime
Raketentechnik-Kontrollregime (informelles Koordinations-
verfahren zur Verhinderung der Proliferation von Raketen)

NPT   Non-Proliferation Treaty
Vertrag über die Nichtweiterverbreitung von Kernwaffen

START   Strategic Arms Reduction Talks
Verhandlungen über die Reduzierung strategischer Waffensysteme

Der Autor

Klaus Ebeling ist Wissenschaftlicher Mitarbeiter am Institut für Theologie und Frieden. Die vorliegende Studie entstand im Rahmen seines
Forschungsprojekts "Die Kontrolle des Rüstungstransfers als Problem
politischer Ethik". Sie erscheint gleichzeitig als Arbeitspapier ARB 64/
92 der Schriftenreihe Gerechtigkeit und Frieden der Deutschen Kommission Justitia et Pax.

Beiträge zur Friedensethik

Heft 1: Friedo Ricken, Platon und Aristoteles über Krieg und Frieden. 1988. ISBN 3-927320-00-5.

Heft 2: Maximilian Forschner, Stoa und Cicero über Krieg und Frieden. 1988. ISBN 3-927320-01-3.

Heft 3: Ernst-Ludwig Grasmück, Äußerungen zu Krieg und Frieden in der Zeit der frühen Kirche. 1989. ISBN 3-927320-02-1.

Heft 4: Wilhelm Geerlings, Die Stellung der vorkonstantinischen Kirche zum Militärdienst. 1989. ISBN 3-927320-03-X.

Heft 5: Ernst Josef Nagel, Die Friedenslehre der katholischen Kirche. Eine Konkordanz kirchenamtlicher Dokumente. 1990. ISBN 3-927320-04-8.

Heft 6: Thomas Hoppe / Hans-Joachim Schmidt, Konventionelle Stabilisierung. Militärstrategische und rüstungskontrollpolitische Fragen eines Kriegsverhütungskonzepts mit weniger Kernwaffen aus ethischer und politikwissenschaftlicher Sicht. 1990. ISBN 3-927320-05-6.

Heft 7: Josef Rief, "Bellum" im Denken und in den Gedanken Augustins. 1990. ISBN 3-927320-06-4.

Heft 8: Thomas Hoppe, Ethik als sicherheitspolitische Entscheidungshilfe? Anmerkungen zu den Kriterien "Hinlänglichkeit" und "Abrüstungsverträglichkeit" des Worts der Deutschen Bischofskonferenz "Gerechtigkeit schafft Frieden" (1983). 1990. ISBN 3-927320-07-2.

Heft 9: Johann Maier, Krieg und Frieden sowie das Verhältnis zum Staat in der Literatur des frühen Judentums. 1990. ISBN 3-927320-08-0.

Heft 10: Marlis Gielen, 1 Petr 2,13-17 zur staatlichen Macht. 1990. ISBN 3-927320-09-9.

Heft 11: Raymund Kottje, Die Tötung im Kriege. Ein moralisches und rechtliches Problem im frühen Mittelalter. 1991. ISBN 3-927320-10-2.

Heft 12: Wilfried Hartmann, Der Frieden im früheren Mittelalter. Zwei Studien. 1992. ISBN 3-927320-11-0.

Heft 13: Rudolf Weigand, Krieg und Frieden in den Rechtssammlungen des Ivo von Chartres. 1992. ISBN 3-927320-12-9.

Heft 14: Norbert Lohfink, Krieg und Staat im alten Israel. 1992. ISBN 3-927320-13-7.

Heft 15: Klaus Ebeling, Der Handel mit Rüstungsgütern als Anfrage an eine Ethik der Politik. Eine Problemskizze. 1992. ISBN 3-927320-14-5.

Institut für Theologie und Frieden
Soltausredder 20, Postfach 1246
2000 Barsbüttel